烏合之眾

大眾心理研究

古斯塔夫·勒龐 著　馮克利 譯

商務印書館

First published in French as

Gustav Le Bon

Psychologie des Foules

The Crowd : The Study of Popular Mind

Viking Press 1960

1976 fourteenth printing

本書中文譯文由中央編譯出版社授權使用

烏合之眾：大眾心理研究

作　　者：古斯塔夫・勒龐 (Gustav Le Bon)

譯　　者：馮克利

責任編輯：黃振威

封面設計：涂　慧

出　　版：商務印書館 (香港) 有限公司
　　　　　香港筲箕灣耀興道 3 號東滙廣場 8 樓
　　　　　http://www.commercialpress.com.hk

發　　行：香港聯合書刊物流有限公司
　　　　　香港新界荃灣德士古道 220-248 號荃灣工業中心 16 樓

印　　刷：中華商務彩色印刷有限公司
　　　　　香港新界大埔汀麗路 36 號中華商務印刷大廈 14 字樓

版　　次：2022 年 1 月第 1 版第 3 次印刷
　　　　　© 2015 商務印書館 (香港) 有限公司
　　　　　ISBN 978 962 07 6552 0
　　　　　Printed in Hong Kong

VISION

經典閱讀　思想掌舵

置身知識與資訊的汪洋中，讀經典讓我們站穩腳步，不輕易隨波逐流，或被浪淹吞沒，更讓我們配備方向舵及望遠鏡，省思自身，思考當前社會及世界的境況，探究問題本質，啟導未來。

Vision 系列叢書選收社會學、政治學、哲學、心理學、經濟學、人類學、文學等的經典傳世作品，學習前人思哲，訓練獨立思辨能力，觸類旁通。

假如你仍停留在只聽過經典作品的名稱，或道聽塗說的階段，還沒一窺作者開闊的視野，邀請你一起讀 Vision，讀世界。

目　錄

關於古斯塔夫・勒龐

　　古斯塔夫・勒龐 (Gustave Le Bon)1841 年出生，
1931 年逝世，是法國著名社會學家和心理學家，以研究
羣眾心理而廣為人所熟悉。他早年習醫，獲得博士學位，
晚年轉研心理學，且取得相當成就。在 19 世紀和 20 世
紀之際，古斯塔夫・勒龐寫就《烏合之眾：大眾心理研究》
一書。此書因其獨特觀點，出版之後引起社會廣泛討論，
一紙風行，各種語言的翻譯本達二十多種。

　　《烏合之眾：大眾心理研究》是羣眾心理學的奠基之
作。作者旁徵博引，指出個人在羣體之中，個人的特性會
被羣體所湮沒，羣體的精神取代了個性。個人在羣體中較
易動搖，失去了正常的推理和判斷能力，容易受人影響，
從而作出過激的行為。換言之，羣體心理埋沒個人意志，
而在這種情況下所產生的羣體的精神，通常具有強烈的極
端傾向，易趨偏鋒，對社會的破壞性影響難以估量。

　　《烏合之眾：大眾心理研究》是社會學和心理學的經
典。本書雖為學術著作，但作者鎔鑄經典，化繁為簡，以
活潑明快的語言，為讀者深入剖析羣眾心理。

古斯塔夫・勒龐著作宏富，除《烏合之眾：大眾心理研究》外，尚有《各民族進化的心理學規律》、《法國大革命和革命心理學》和《戰爭心理學》等著作。

代譯序
民主直通獨裁的心理機制

馮克利

> 聞有吏雖亂而有獨善之民，
> 不聞有亂民而有獨治之吏。
> ——《韓非子·外儲說》

> 人們似乎熱愛自由，其實只是痛恨主子。
> ——托克維爾：《舊制度與大革命》

> 世人受到烏托邦聲音的迷惑，他們拚命擠進天堂的大門。但當大門在身後砰然關上之時，他們卻發現自己是在地獄裏。這樣的時刻使我感到，歷史是喜歡開懷大笑的。
> ——昆德拉：《玩笑》

　　英雄豪傑與民眾在歷史上的作用孰輕孰重，歷來是史家津津樂道的一個話題，當然也是個非常不易於説清楚的問題。常言道，一個好漢三個幫，這句明白易懂的話讓人覺得平實而中肯，可以省去我們做歷史辯證法深思的不少麻煩。然而，這些歷史中的好漢（或梟雄）與幫手的學術地位，卻是非常不平衡的。研究英雄的著作或是給英雄出謀劃策的各類寶鑒，千百年來不絕如縷。而就那些幫手們而言，在"羣眾社會"到來之前，操持着改變或維持歷史方向的勢力的並不是他們，而是遍佈於這個世界大大小小的帝王將相和各路神仙，因此鮮有人把他們作為一個實體進行研究。這種情況一直繼續到民主時代的到來。曼海姆在他去世前一篇討論世俗化過程中"作為一種生活方式的民主"的未完稿中，根據中世紀晚期以來在民俗、藝術、建築等方面的變化，對決定着後來政治民主化進程的民眾生活態度和審美情趣的潛移默化，做了十分深入而生動的說明。[1] 當然，他認為這個過程最顯著的結果之一，便是各種偶像與建立在血統基礎上的世俗王權，逐漸被平等人權和參與擴大的主張所消解。它使權威合法性的來源產生了一個重大的轉移——血統身份也罷，君權神授也罷，奉天承運也罷，此時都已不再可能，領袖要想號令天下，也惟有反求諸天下的"授權"才成，這時羣眾才真正成了前台的主角。

1. 被遺忘了的勒龐

然而，羣眾在社會生活的變遷中唱起主角，這種現象對近代政治制度的變遷帶來的結果，並不全都令人歡欣鼓舞。正如近代中外歷史已經告訴我們的，羣眾的民主權力就像一切個人權力一樣，當它沒有受到恰當的憲政約束時，也很容易轉變為它的反面，成為一種暴虐的權力。因

1　見 Karl Mannheim，*Essays on the Sociology of Culture*，(London, Routledge, 1956)，第 3 部分 (171-246 頁)，"文化的民主化"。

4

此自柏克以降，便有許多思想家對於各種羣眾領袖挾民意而行獨裁的負面作用憂心忡忡。從這個角度講，法國人勒龐（Gustav Le Bon, 1840-1931）在兩個世紀之交寫下的一系列社會心理學著作，尤其是他寫於上世紀末的《烏合之眾：民眾心態研究》[2] 一書，實在是不該受到我們忽視。

勒龐（Gustave Le Bon, 1841-1931）是何許人物？本來我們對這位當年法國的才子式人物不該完全陌生。他的《烏合之眾》一書，包括漢語在內被翻譯成 17 種語言。[3] 可惜近代以來，國人長期面對內憂外患的時局，總是擺脫不了"保種圖存"的國家主義意識，因此最有現實意義的學說，是民族主義和社會主義之類的集體主義意識形態，像《烏合之眾》這種反集體主義的著作幾乎沒有機會進入人們的視野，當然也就不足為怪。勒龐從 1894 年開始，寫下過一系列社會心理學著作，魚龍混雜，蔚為大觀，除了上面提到的《烏合之眾》外，還有《各民族進化的心理學規律》（1894）、《社會主義心理學》（1898）、《法國大革命和革命心理學》（1912）以及《戰爭心理學》（1916）。不

2　Gustave Le Bon, *Psychologie des Foules, 1895*; 英譯本為 *Crowd: A Study of the Popular Mind*, New York, Viking Press, 1960（fourteenth printing, 1976）。以下引此書時，簡稱《烏合之眾》。

3　民國 16 年（1927 年）商務印書館出版過他最重要的《烏合之眾》一書的譯本，書名《羣眾心理》，吳旭初譯；借此機會感謝香港中文大學劉小楓先生提供了這一版本線索。

過最成功的還要算《烏合之眾》這本書，它在 1895 年出版後，以平均不到一年再版一次的速度，至 1921 年已印到第 29 版。今天我們在主要的網上書店，仍可看到此書的幾個網頁和讀者針對此書的一些奇談怪論（兩個網上圖書館亦可免費下載英譯本全文）。[4]

　　關於勒龐的思想傾向，當年芝加哥大學社會心理學的開山喬治・米德（George Mead）在《美國社會學雜誌》中評論勒龐的思想時曾說，"勒龐是這樣一批法國人中的一員，他對自己民族的文明幾乎已經感到絕望，只有盎格魯・薩克遜民族的個人主義中，使他看到了未來社會的唯一希望。"[5] 我們從米德這段話可知，勒龐身處思想混亂、歧見紛呈的世紀末，是屬於法國思想界中 "親英派" 的邊緣人物。當然，在他的著作裏，我們隨處可見他對 "盎格魯・薩克遜種族" 的心理素質和政治制度的讚揚，不過要論系統與深刻，他較之自己同胞中的大師孟德斯鳩和托克維爾等人遠遠不及，甚至與比他年長一輩的希波萊特・

4　可免費下載此書全文的一個網址為：http://www.catawba.k12.nc.us/books/tcrw10.txt.。

5　*American Journal of Sociology* 19（1899），p.404.

泰納相比，也遜色不少。[6] 因此只説他有盎格魯‧薩克遜情結，並不足以解釋他的思想特色和對後世的持久影響。他的思想價值來自別處。

在《社會心理學手冊》一書中，美國社會心理學領域的泰斗級人物奧爾波特（Gordon W. Allport）對勒龐有極高的評價，認為"在社會心理學這個領域已經寫出的著作當中，最有影響者，也許非勒龐的《烏合之眾》莫屬。"[7] 羅伯特‧墨頓（Robert Merton）在為此書簡裝本所寫的長篇序言中也説："反對者可以駁斥勒龐的言論，但是他們不能對它視而不見，至少，假如他們不想放棄對社會心理學問題的關心，他們就不能這樣做，因為那都是些基本的問題。這正是勒龐此書的主要功績所在：它幾乎從頭到尾表現出一種對重要問題的敏感性。……只有在極少數思想家中，才能看到這種不斷發現有研究價值的問題的本領。對於社會心理學家以及所有思考自己社會的人，勒龐的著作所關注的問題，幾乎無一例外地注定會成為十分重

6　泰納（Hippolyte Taine, 1828-1893）這位法國 19 世紀的傑出思想家，因為傅雷先生譯了他的《藝術哲學》而在我國享有盛譽，但他晚年檢討法國中央集權制度的名著《當代法國的起源》和《舊制度》（它們對勒龐影響甚大）卻幾乎不為人知。

7　見 Gardner Lindzey, ed., *Handbook of Social Psychology*（New York, Macmillan, 1954）"Le Bon" 條。

要的問題。"[8] 持論穩健而超脫的熊彼特在其著名的《資本主義、社會主義與民主》一書中，也曾特別強調了勒龐的社會心理學研究作為一個時代表徵的重要意義，認為勒龐最早有效闡明了"個人在羣體影響下，思想和感覺中道德約束與文明方式突然消失，原始衝動、幼稚行為和犯罪傾向的突然爆發"的實相，從而"給予作為古典民主學說和關於革命的民主神話基礎的人性畫面沉重一擊"[9]。我們當然不至於把這些話當做溢美之辭，對於 20 世紀出現的許多成功或失敗的民眾革命以及由此造成的巨大災難，我們如想對其尋求一點心理學上的理解，從勒龐那裏的確是可以學到很多東西的。

2. 研究的兩個起點

　　勒龐對"羣體心理"的研究在後世享有持久的影響，說起來不難理解，因為他在提出自己的見解時所針對的社會背景，至今不但沒有消失，而且已經成為我們這個世紀人類政治生活中最重要的現象。勒龐雖然從學術角度講經常表現得十分"外行"，卻對這種現象具有一種出自直

8　Robert Merton, "The Ambivalences of Le bon's The Crowd"。此文為墨頓為《烏合之眾》簡裝本（見註 2）所寫的序言。

9　熊彼特：《資本主義、社會主義與民主》，吳良健譯，商務印書館，1999 年 2 月，379-380 頁。

覺的深刻感受力。

他認為，有兩個互為表裏的基本因素，是引發傳統社會進入現代轉型的主要原因，即傳統的宗教、政治及社會信仰的毀滅，和技術發明給工業生產帶來的巨變。這一變化反映在西方各民族政治生活的層面，則是羣眾作為一種民主力量的崛起，而且在西方文明的發展過程中，這種"羣眾的崛起"有着"命運"一般無可逃避的特點。他斷定，未來的社會不管根據甚麼加以組織，都必須考慮到一股新的、"至高無上的"力量，即"羣體的力量"："當我們悠久的信仰崩塌消亡之時，當古老的社會柱石一根又一根傾倒之時，羣體的勢力便成為唯一無可匹敵的力量，而且它的聲勢還會不斷壯大。"正是基於這一認識，勒龐認為，"我們就要進入的時代，千真萬確將是一個羣體的時代。"[10] 在勒龐看來，這個"羣體的時代"表現在觀念變遷上，最突出的特點就是民主和社會主義觀念的廣泛普及，它讓持有保守主義和精英主義立場的勒龐深感恐懼，這一點我們下面還會談到。

勒龐討論羣體心理的另一個出發點，說起來也許為今人所不齒，卻是激發他在這個主題上不斷著書立說的一個重要因素，而且我們也不能輕言它已完全成為過去。

10　《烏合之眾》，第 14 頁。

他強調，遺傳賦予每個種族（race）中的每個人以某些共
同特徵，這些特徵加在一起，便構成了這個種族的稟賦。
勒龐對這種"種族特性"的強調，在一百年多前不但是西
歐精神生活中的流行話，而且波及許處在現代化過程邊緣
的地區，這在魯迅先生的"國民性"（這正與勒龐喜歡用
的"genius of race"一詞含義相同）反省，以及我們至今餘
韻猶存的"民族生存"意識中，都有很明確的反映。這種
源自 19 世紀"科學人類學"大發展的種族主義，其最極
端的表現之一，當屬勒龐的同胞戈賓諾（Joseph-Arthur de
Gobineau）所發展出來的"靈肉統一論"，它力求在人種的
生理解剖學特徵與其精神現象之間找到某些一致性，繼而
把它擴展到用來解釋不同民族的文化藝術和政治社會制
度等各個方面的差異。勒龐身處當時的思想氛圍，自不會
不受到這方面的影響。他在一定程度上從格賓諾等人的
這種種族人類學的思想中，接受了決定着各民族命運的
神秘主義種族概念，認為"遺傳賦予每個種族中的每個人
以某些共同特徵，這些特徵加在一起，便構成了這個種族
的氣質。"[11] 因此一些學者據此把他作為一個種族主義者
看待，也不是完全沒有道理。[12] 不過平心而論，勒龐用來

---

11 《烏合之眾》，第 3 頁。
12 參見 *International Encyclopedia of Social Sciences,* New York: Mac-
　　millan, 1968, article "Le bon, Gustave"。

建立羣體心理學理論的種族觀念，卻沒有很多"科學人類學"中的生物學色彩。他更多地把種族看作一個"歷史的"和"文化的"概念。

　　墨頓在給《烏合之眾》寫的長篇序言中認為，勒龐在歷史科學性問題上的虛無主義態度，是他的一個幸運的自相矛盾之處，因為他在實踐中並沒有否定史實的作用。但是讀過勒龐的書後，我們也許會傾向於認為，更堪當此論的應是勒龐有着種族主義傾向的文化立場，因為正是它有力地刺激了勒龐的羣體心理學研究。1894 年他出版第一本社會心理學著作《各民族進化的心理學規律》[13]，便花費大量篇幅，探討在不同種族之間無法做到"觀念移植不走樣"的原因——譬如英法兩個"種族"，因其"國民性"使然，對"民主"、"自由"之類的相同觀念，便會有非常不同甚至對立的解釋。正是因為對羣體特徵差異造成的民族命運——尤其是他自己所屬的法蘭西民族的命運——有着一份強烈的關切，才促使他進而提出了自己帶有"通論"性質的羣體心理學理論。

---

13 Le Bon, *Lois psychologiques de l'evolution des peuples*, 英譯本為 *Psychology of Peoples*, New York, Macmillan, 1898。

3. 低劣的羣體心態

每個種族雖然有相對於其他種族而言獨特的天性，但是勒龐根據對若干重大歷史事變（尤其是法國大革命）和發生在他周圍的一些事實的觀察，又認為不管是甚麼種族，當其中的個體為了行動的目的而聚集成一個"心理學的羣體"時，"僅僅從他們聚在一起這個事實，我們就可以看到，除了原有的種族特徵之外，他們還表現出一些新的心理特徵，這些特徵有時與種族特徵頗為不同。"[14] 也正是對這些不同之處所做的研究，構成了勒龐對社會心理學領域的主要貢獻。在他的筆下，這些聚集成羣的個人最有意義的變化，就是其中個人的行為方式，會表現得與他們一人獨處時有明顯的差別。勒龐為證明這些差別所列舉的證據，當然尚沒有實驗心理學的充分支持，[15] 但是正如後來在勒龐提供的研究基礎上繼續從事這項工作的佛洛伊德所言，勒龐過人的"問題意識"，使他的見識即使只從經驗層面看，也沒有人敢於斷然否認其價值。的確，凡是讀過《烏合之眾》這本篇幅不大的小書的人，大概誰

---

14 《烏合之眾》，第 3 頁。

15 這方面的經驗研究後來確實有人做過，如 P.G.Zimbardo, *The Human Choice: Individuation, Reason and order versus deindividuation.* In W. J. Arnold & D. Levine（eds.）, *Nebraska Symposium on Motivation*（*17*）, University of Nebraska Press,1969，這項研究既未證實也未推翻勒龐的觀點。再者，把勒龐的思想從實驗科學的角度加以技術化有多大價值，也是令人懷疑的。

也不會否認，它雖然偏見多多，卻是非常令人難忘的。

　　對於羣體行為中的那些同個人行為心理學十分不同的特點，勒龐以經常是十分誇張的口吻，為我們描述了一幅十分可怕的景象。按他的評價，進入了羣體的個人，在"集體潛意識"機制的作用下，在心理上會產生一種本質性的變化。就像"動物、癡呆、社會主義者、幼兒和原始人"一樣，這樣的個人會不由自主地失去自我意識，完全變成另一種的智力水準十分低下的生物。勒龐當然尚不具備發展出"權威主義人格"[16]之類見解的能力，但是他明確指出，羣體中個人的個性因為受到不同程度的壓抑，即使在沒有任何外力強制的情況下，他也會情願讓羣體的精神代替自己的精神，更多地表現出人類通過遺傳繼承下來的一些原始本能。個人因為參與到羣體中而表現出來的這些特徵，概括起來說大體如下。

　　首先，羣體中的個人會表現出明顯的從眾心理，勒龐稱之為"羣體精神統一性的心理學定律（law of the mental unity of crowds）"，[17] 這種精神統一性的傾向，造成了一些重要後果，如教條主義、偏執、人多勢眾不可戰勝的感

---

16 這是後來由弗洛姆（E. Fromm）在分析納粹主義心理學時提出的著名概念，指個人為了逃避孤獨無助的感覺而放棄自由的心理傾向。見弗洛姆《對自由的恐懼》，許合平等譯，北京：國際文化出版公司，1988年，第98-124頁。

17 《烏合之眾》，24頁。

覺，以及責任意識的放棄。用他的話說：“羣體只知道簡單而極端的感情；提供給他們的各種意見、想法和信念，他們或者全盤接受，或者一概拒絕；將其視為絕對真理或絕對謬論。”勒龐認為，他這裏所描述的其實也不完全是一種現代的現象，從古至今，與宗教或準宗教信仰有關的偏執“對人們的頭腦實行的專制統治，早就為大家所知”，它甚至是一切偉大文明最基本的動力。

由於這種簡單化的思維方式，羣體並不認為真理，尤其是“社會真理”，是只能“在討論中成長”的，它總是傾向於把十分複雜的問題轉化為口號式的簡單觀念。在羣情激奮的氣氛中的個人，又會清楚地感到自己人多勢眾，因此，他們總是傾向於給自己的理想和偏執賦予十分專橫的性質。“個人可以接受矛盾，進行討論，羣體是絕對不會這樣做的。在公眾集會上，演說者哪怕做出最輕微的反駁，立刻就會招來怒吼和粗野的叫嚷。在一片噓聲和驅逐聲中，演說者很快就會敗下陣來。當然，假如現場缺少當權者的代表這種約束性因素，反駁者往往會被打死。”出現這種情況的一個主要原因，是勒龐觀察到的另一條羣體心理學規律：約束個人的道德和社會機制在狂熱的羣體中失去了效力：“孤立的個人很清楚，在孤身一人時，他不能焚燒宮殿或洗劫商店，即使受到這樣做的誘惑，他也很容易抵制這種誘惑。但是在成為羣體的一員時，他就會意識到人數賦予他的力量，這足以讓他生出殺人劫掠的念頭，並且會立刻屈從於這種誘惑。出乎預料的障礙會被狂暴地摧毀。"[18]。當然，從以個人責任為基礎的法治立場上說，這種在羣體中消失了個人利益和目標的人會變成一個"無名氏"，而以個人責任為基礎的法律，對這樣的無名氏是不起作用的。所謂"法不治眾"的經驗使他意識到，他不必為自己的行為承擔責任："羣體感情的狂暴，尤其是在異質的羣體中間，又會因責任感的徹底消失而強化"。意識到肯定不會受到懲罰——而且人數越多，這一點就越是肯定——以及因為人多勢眾而一時產生的力量感。在羣體中間，就像"傻瓜、無知的人和心懷妒忌的人"一樣，在擺脫了自己卑微無能的感覺之後，會產生出一種暴烈、短暫但又巨大的能量。

勒龐這些思想所提出的最大挑戰，便是 18 世紀以後啟蒙哲學中有關理性人的假設。在他看來，"是幻覺引起的激情和愚頑，激勵着人類走上了文明之路，在這方面人類的理性沒有多大用處。"因此在同人類的各種作為文明動力的感情——"譬如尊嚴、自我犧牲、宗教信仰、愛國主義以及對榮譽的愛"——的對抗中，理性在大多數時候都不是贏家。[19] 這也是那些高深莫測的哲學或科學觀念在

18 同上，38 頁、53-54 頁。
19 同上，114 頁。

面對羣體（不管其中的個人有多麼高的智力水準）時，必須使它們低俗化和簡單化的原因。在這一點上，勒龐是可做喬治·奧維爾的老師的，他不但知道在"政治和語言的墮落"[20] 之間有着密切的關係，而且指出"說理與論證戰勝不了一些詞語和套話"，並不全是宣傳者的過錯，因為這些東西是"和羣體一起隆重上市的"。這些在羣體中產生了廣泛影響的觀念，其威力只同它所喚醒的形像而不是它們的真實含義有關。只有這些避免了分析和批判的觀念，才能在羣體眼裏具有自然甚至是超自然的力量，讓羣體"肅然起敬，俯首而立"，"它們在人們心中喚起宏偉壯麗的幻相，也正是它們含糊不清，使它們有了神秘的力量。它們是藏在聖壇背後的神靈，信眾只能誠惶誠恐地來到它們面前。"[21] 因此，那些詳加分析便會歧義紛呈的觀念——例如民主、社會主義、平等、自由等等——所以具有神奇的威力，只是因為它們已經變成了空洞的政治口號——各種極不相同的潛意識中的抱負及其實現的希望，好像全被它們集於一身。

---

20 G. Orwell, "Politics and English", in *Selected Essays*, Harmondsworth, Penguin, 1957, p. 154。奧維爾在《1984》中發明的 "newspeak"（姑譯為 "黑白顛倒法"）這個著名單詞，也是針對宣傳者而不是受眾的。

21《烏合之眾》，103 頁。

於此，我們也許更容易理解像韋伯和羅素這些曾經有志於參政的大思想家為何失敗了。在觀念簡單化效應的作用下，凡是有抱着懷疑的精神，相信在政治和社會問題上極不易發現"確定性真理"的人，尤其是一個習慣於用推理和討論的方式說明問題的人，在羣體中是沒有地位的；當面對羣情激奮時，他尤其會生出蒼白無力的感覺：因為他意識到他要與之作對的，不僅僅是一種錯誤的行為，而且還有"多數的力量"，還有貫徹這種行為時的偏執態度。我們更能理解，所謂專業精英，不管他智力多麼高強，他陳明利害得失的理性努力，面對被空洞的觀念衝昏了頭腦的羣體，反而會產生一種自己十分迂腐的無聊感覺。更為可悲的是，面對羣眾的荒謬與狂熱，明智之士更有可能根本不會做出這樣的努力，而是同羣體一起陷入其中，事後又驚歎於自己連常識都已忘卻的愚蠢。弗洛姆曾從個人在社會共同體中的邊緣化或受其排擠而導致的內心焦慮，對這種放棄獨立判斷能力的過程做過分析，[22] 他

---

22 參見弗洛姆前引書，第 6、7 章。不過勒龐並非完全沒有意識到集體至上的體制將給個人自由帶來的後果，在論及"民主立法"對個人自由的限制時他説："若是到了這個地步，個人注定要去尋求那種他已在自己身上找不到的外在力量。政府各部門必然與公民的麻木與無望同步增長。因此它們必須表現出私人所沒有的主動性、首創性和指導精神。這迫使它們要承擔一切，領導一切，把一切都納入自己的保護之下。於是國家變成了全能的上帝。而經驗告訴我們，這種上帝既難以持久，也不十分強大。"見《烏合之眾》，204 頁。

所說的人們情願"逃避自由"的原因，便包括着在這種內心焦慮的壓力下，人們會情不自禁放棄個人立場的傾向，因為正如勒龐的解釋所表明的，懷疑造成的不明確性，不但不會讓羣眾喜歡，而且有可能使他們生出足以致人死命的憤怒。

4. 羣體的"道德"

　　讀勒龐的人或許最易於得出一個印象，即他過多地強調了羣體的負面形象。但是，"羣體心理"給個人行為所造成的結果，並不全然只是我們日常用語中所說的"罪惡"，它所導致的結果要比這複雜得多。用勒龐的話說："它可以讓一個守財奴變得揮霍無度，把懷疑論者改造成信徒，把誠實的人變成罪犯，懦夫變成豪傑。"[23] 因此對於我們在羣體中看到的情況，很難僅僅用刑法學意義上的犯罪來定義，它是一種更為複雜的現象。

　　如勒龐一再所說，他所研究的並不是"羣體犯罪的心理學"，而是表現在所有類型羣體中的心理學特徵，[24] 其中

---

23 《烏合之眾》，第 33 頁。

24 當時研究羣體心理的並非只有勒龐一人，著名者如義大利人西蓋勒（Scipio Sighele）和法國人塔爾德（Gabriel Tarde）。在勒龐思想的"發明權"上，三人之間還有過一番爭執。但後二人的研究主要着眼於刑法學意義上的羣體犯罪現象，與勒龐側重於政治和社會史的心理學研究畢竟有所不同。

自然也包括英勇無畏的英雄主義羣體。參與到羣體中的個人，不但能夠變得"偏執而野蠻"，而且在他只有一知半解甚至根本就不理解的各種"理想"的鼓舞下，他並不像大多數個人犯罪那些是受自我利益的支配。因此。我們可以認為羣體行為的結果看上去非常惡劣，但參與其中的個人的動機，卻很可能與卑鄙邪惡的私慾絲毫無涉。

當羣體是受某種高遠的理念的激勵而行動時，它便會表現出極高的"道德"。然而這是一種甚麼意義上的道德呢？對此勒龐有個十分重要的區分，他說，如果"道德"一詞指的是持久地尊重一定的社會習俗，不斷抑制私心的衝動，那麼顯然可以説，由於羣體太好衝動，太多變，它當然不可能是道德的。然而，如果我們把某些一時表現出來的品質，如捨己為人、自我犧牲、不計名利、獻身精神和對平等的渴望等，也算作"道德"的內容，則羣體經常會表現出很高的道德境界。[25] 不錯，作為"暴民"的羣體，其殘忍程度常令人瞠目結舌，以致不斷地有人因此而感歎人性之惡。而勒龐的分析則提醒我們，這裏所説的"人"，在很多情況下應是指羣體中的人，而非孤立的個人。如果羣體的行為動機也完全是出自支配着個人行為的非法私利，那當然只能把它視為一種犯罪。這樣的羣體可以是黑

---

25 同上，56頁。

社會或聚散無常的暴民團體，卻不可能成為一個影響甚至改變歷史的要素。羣體要想成為歷史變遷的主角，它必須多多少少"為信仰而戰"，也就是說，它的形成必須是為了某些簡單而明確的信仰。在人們對唯一神教已失去信仰的時代，最有可能對組成羣體的個人發揮巨大作用的，便是勒龐所說的"民族的榮譽、前途或愛國主義"。羣體在這些信仰的激勵下，很容易表現出極崇高的獻身精神和不計名利的舉動，並且它所能達到的崇高程度，是孤立的個人絕對望塵莫及的。這是一些與個人的日常利益完全沒有關係的觀念，只有它們能夠讓羣體"達到使他慷慨赴死的地步"。

因此勒龐斷言，凡是大規模的羣體運動，總是類似於宗教運動。我們這個世紀的學者談論甚多的意識形態作為宗教替代品的現象，原本是個勒龐早有深切感受的老話題了。他說："一切政治、神學或社會信條，要想在羣眾中扎根，都必須採取宗教的形式——能夠把危險的討論排除在外的形式。即便有可能使羣眾接受無神論，這種信念也會表現出宗教情感中所有的偏執狂，它很快就會表現為一種崇拜。"這種運動表面上看就像是一首奇怪的交響詩，它兼有殘酷和崇高兩個截然不同的主旋：崇高的境界，成功地激起了羣眾想入非非的感情，使他們在崇拜和服從中尋到自己的幸福，它的"道德淨化"作用，使他們可以把自己或別人的死亡同樣看得輕如鴻毛。當然，這些受到崇高的宗教感情所激勵的羣眾，"必然也會用火與劍去清除那些反對建立新信仰的人"，因而在無辜者的鮮血中映出的，從主觀上說並不是人性的邪惡，而是真誠不屈信念，是出自"羣體靈魂運作"的產物。

如果我們站在康德傳統的倫理哲學基礎上加以分析，勒龐所説的羣體的不寬容和狂熱，顯然是同脱離了個人主義道德基礎的"羣體道德"有關的。從後來研究集體主義運動的文獻中，我們可以得到進一步的瞭解，羣體中個人利益的暫時消失，以及相應的犯罪意識的泯滅，其中的一個主要原因，便是千差萬別的個人目標被一個集體目標所取代。在這種情況下，勒龐稱羣體中的個人會失去責任意識，也許並不十分恰當。實際情況可能恰恰相反，羣體中的人認為自己可以對殘暴行為不負私人道德意義上的責任，羣體是個"無名氏"的作用外，很可能還因為他更強烈地意識到自己要為一個"更崇高的事業負責"。在這種責任意識的激勵下，他會不自覺地自我渺小化，把自己日常經營的目標與它對立起來，從而理所當然地認為，別人的個人目標同樣也是沒有價值的。

其實從上述勒龐對道德所做的區分中，我們已可隱約感到在判斷羣體的行為是否符合"道德"上往往會陷入困境的原因。無私的奉獻當然是一種美德，我們也很難指

摘人們為了國家和社會的未來命運所表現出來的熱情，
因此這很容易讓我們得出"羣體為國家和民族而犯罪不是
犯罪"這種令人尷尬的結論。對於這一困境，後來的哈耶
克曾以十分理解的態度做過説明，他指出："如果因為極
權主義國家大量的人民竭力支持一種在我們看來似乎否
認了大部分道德價值的制度，我們便認為他們缺少道德
熱情，這是極不公平。對於他們的大部分人來說，實際情
況也許恰好相反：像國家社會主義或共產主義這類運動
背後所蘊含的道德情感的強度，也許只有歷史上偉大的
宗教運動能與之相比。"但是問題在於，一個凌駕一切的
共同目標，是同建立在個人責任上的道德無法並存的，因
此，如果我們承認，個人只不過是為所謂社會或國家這些
更高實體的目的而服務的工具，"極權主義政體很多使我
們害怕的特點便必定接踵而至。從集體主義立場出發而
產生的不容忍和殘酷地鎮壓異己，完全不顧個人的生命和
幸福，都是這個基本前提的根本的和不可避免的後果。"[26]

5. 英雄與羣眾

　　但是，勒龐的槍口並不是只對着讓他感到驚恐的羣

---

[26] 哈耶克：《通往奴役之路》，王明毅等譯，北京，中國社會科學出版社
　　1997 年，143 頁。

體。與佛洛伊德在《羣體心理學與自我的分析》中所言不同，勒龐並非只把眼光停留在羣體行為上，"沒有估計到領袖在集體心理中的重要性"。[27] 他非常清楚，缺了英雄的羣體在大多數情況下只能算是一些朝生暮死的"羣氓"。

當然，能夠讓羣體煥發出改天換地的巨大能量的英雄，絕對不會是那些江湖草寇式的人物。和羣眾經常表現出極高的道德境界相一致，英雄之成為英雄，也必是因為他具備能夠迎合信眾的為事業而獻身的勇氣、不懈的鬥志和高尚的利他主義，勒龐通過對"劇院觀眾"的情緒化表現（他的描述不時讓人想起當年那些《白毛女》、《放下你的鞭子》的觀眾的反應）的分析告訴我們，羣體本能地希望英雄表現出他們所不具備的高尚品格。這些品格作為日常生活中很不多見的稀缺商品，英雄如果能讓人們覺得他可以大量提供，這當然會讓他廣受愛戴。於此我們不妨説，卡萊爾斷定羣眾有英雄崇拜的本能，也不是沒有經濟學上的根據。

佛洛伊德批評過勒龐在研究領袖上有不周全之處，也不是沒有他的道理。因為在分析羣體心理時，勒龐的確沒有得出佛洛伊德那樣的見識，把編造領袖神話視為個人解

---

27 Sigmund Freud, *Group Psychology and the Analysis of Ego*, New York, Liverright, 1940. 佛洛伊德在此書中對勒龐的《烏合之眾》有連篇累牘的引述。

除心理壓抑的有效手段。但是，他卻沿着另一條歷史更為悠久的西方政治學傳統，為我們分析了領袖與羣眾的互動關係，字裏行間透着一股十足的馬基雅維里風格。他認為，在使羣體形成意見並取得一致方面，領袖的作用是非常重要的，"他的意志是羣體的核心，他是各色人等形成組織的第一要素，他為他們組成派別鋪平了道路。"而羣體則像是溫順的羊羣，"沒了頭羊就會不知所措"。這就是為何"當波拿巴壓制了一切自由，讓每個人都對他的鐵腕有切膚之感時，向他發出歡呼的正是那些最桀驁不馴的雅各賓黨人。"[28]

　　羣體的輕信、極端與情緒化反應等等弱點，顯然既為領袖的品質劃定了上限，也給他動員自己的信眾提供了許多可乘之機。首先，領袖本身可以智力高強，但是鑒於羣體的素質低下，他為了獲得信眾的支持，也不能有太多的懷疑精神，這對他不但無益反而有害："如果他想說明事情有多麼複雜，同意做出解釋和促進理解，他的智力就會使他變得寬宏大量，這會大大削弱使徒們所必需的信念的強度與粗暴。在所有的時代，尤其是在大革命時期，偉大的民眾領袖頭腦之狹隘令人瞠目；但影響力最大的，肯定也是頭腦最偏狹的人。"[29] 這裏所蘊含的潛台詞是，羣體

28《烏合之眾》，118 頁，55 頁。

29 同上，194 頁。

的心理過程中並沒有多少的邏輯成分，在超出自己熟悉的生活範圍之外，他也不具備多少經驗和合理的批評能力，而這正是一些別有所圖的個人或集團贏得羣眾信任一個的要件。他們也許只是些野心家，也許是這樣或那樣的理想主義者。他們在鼓吹甚麼大概並不重要，關鍵是如果政治中的人性真如勒龐描述的那樣，則領袖在很大程度上是能夠改變甚至製造人民的意志的。用熊彼特的話説，"這種人工製造的東西常常在現實中與古典理論中的普遍意志相一致。只要這種情形存在，人民的意志便不會是政治過程的動力，而只能是它的產物。"[30] 但更為重要的是，當我們面對政治過程時，雖然我們遇到的可能不是真正的人民意志，但是他們往往並不如是想，他們真誠地相信那不是領袖及其追隨者製造出來的產物，而是真正發自他們的內心。我們已經知道，後來的人把這個過程稱為"洗腦"，它是現代宣傳術進步的一大成果，在此勒龐也應當享有一席之地。

他為我們概括出的領袖煽動信眾的三個最為重要的手法，又會讓人想到奧維爾的《1984》。當這些領袖們打算用各種社會學説影響羣體的頭腦時，他們需要借助"斷

30　熊彼特：《資本主義、社會主義與民主》，北京，商務印書館，388頁。實際上熊彼特此書中"政治中的人性"一節，基本上是參照勒龐的著作寫成。

言法、重複法和傳染法"。他說,"羣體因為誇大自己的感情,因此它只會被極端感情所打動。希望感動羣體的演說家,必須出言不遜,信誓旦旦"。根據勒龐的觀察,誇大其辭、言之鑿鑿、不斷重複,絕對不以說理的方式證明任何事情,是說服羣眾的不二法門。因此,大凡能夠成就大業的領袖人物,他最重要的品質不是博學多識,而是必須"具備強大而持久的意志力",這是一種"極為罕見、極為強大的品質,它足以征服一切。……沒有任何事情能阻擋住它,無論自然、上帝還是人,都不能"[31]。由於有這種強大持久的意志,他所堅持的觀念或追求的目標,最初受到羣眾的贊成也許是因為其正確,但即使在已經鑄成大錯,思想的荒謬已經暴露無遺時,也未必能夠動搖他的信念,因為任何理性思維對他已不起任何作用:"他對別人的輕蔑和保留態度無動於衷,或者這只會讓他們更加興奮。他們犧牲自己的利益和家庭——犧牲自己的一切。自我保護的本能在他身上消失得無影無蹤,在絕大多數情況下,他們孜孜以求的唯一回報就是以身殉職。"

在弗洛姆《對自由的恐懼》一書中,我讀到了希特勒的一段話,它對於瞭解有着心理弱點的羣體和偏執的領袖之間有着甚麼樣的關係,一定是大有幫助的。希特勒是否讀過勒龐我們不得而知,但是他除了有"堅強的意志和

31《烏合之眾》,51 頁、122 頁。

信念"之外，顯然也十分瞭解他必須進行動員的羣眾。他說，羣眾"就像女人……寧願屈從堅強的男人，而不願統治懦弱的男人；羣眾愛戴的是統治者，而不是懇求者，他們更容易被一個不寬容對手的學說折服，而不大容易滿足於慷慨大方的高貴自由，他們對用這種高貴自由能做些甚麼茫然不解，甚至很容易感到被遺棄了。他們既不會意識到對他們施以精神恐嚇的冒失無禮，也不會意識到他們的人身自由已被粗暴剝奪，因為他們決不會弄清這種學說的真實意義。" [32] 這些幾乎是逐字逐句重複勒龐的話，如果他地下有知，也許會為自己犯下這種馬基雅維里主義式的錯誤而懊悔不已。[33] 但是這也從另一個側面說明，勒龐在分析羣體心理時得出的結論，的確是同 20 世紀以來人類的政治命運息息相關。當漢娜‧阿倫特告訴我們"凡是有羣眾的地方，就可能產生極權主義運動" [34] 時，她這裏說的"羣眾"，顯然就是指希特勒的羣眾，當然也指勒龐描述的羣眾。自法國大革命以降，由領袖、意識形態和勒龐意義上的羣體所組成的這種新的三位一體，便取代了宗教與皇權，成為一切民主憲政架構之外政治合法性運動的要

---

32 希特勒：《我的奮鬥》，轉引自弗洛姆前引書，155 頁。

33 與馬基雅維里相比，勒龐有着更明確的自由主義立場，這從他不斷頌揚英國的自由制度以及肯定代議制民主的態度便可得到證實。

34 阿倫特：《極權主義》，蔡英文譯，台北，聯經出版事業公司，1982 年，34 頁。

件，尤其在勒龐之後的一百年裏，這種新的三位一體更是上演了一幕幕規模宏大而慘烈的悲劇。

6. 結語：羣體的時代與民主

　　從以上討論中我們不難看出，包括勒龐著作中那些沒有多少惡意的種族主義言論在內，他的驚人的預見力，是我們難以否認的。[35] 20 世紀是個羣眾參政意識普遍覺悟因而也個民主口號盛行的世紀，然而它同時又是一個"最血腥的世紀"。[36] 與此相比，勒龐所援用的那些 19 世紀羣眾運動的事例，只能算是小兒科了。因此我們完全有理由認為，在這種民主觀念的普及過程中，既包含着人類幾千年來想要馴服強權的真誠願望，也隱含着為此而奮鬥的人民落入強權圈套的巨大危險。托克維爾當年說，"以人民主權的名義並由人民進行的革命，是不可能使一個民族獲

35　這裏值得一提的是，勒龐根據"種族文化特性"和保守主義立場對社會發展得出的預見，並不限於他所研究的"羣體時代"的歐洲，甚至在他就當時中國時局發表的少數評論中，這種預見力也可見一斑。在寫於 1911 年辛亥革命之後的《革命心理學》一書中，他說："中國不久就會發現，一個失去了漫長歷史給它披上的盔甲的社會，等待着它的會是怎樣的命運。在幾年血腥的無政府狀態之後，它必然會建立一個政權，它的專制程度將會比它所推翻的政權有過之而無不及。"見 Le Bon, *The Psychology of Revolutions*, London, Allen & Unwin, 1913，卷一，第 3 章第一節。

36　聯合國秘書長安南 1999 年 10 月 17 日為"聯合國日"發表的講話。

得自由的"。[37] 勒龐的對現代化過程中羣眾崛起的驚恐，
其實是這種懷疑態度的繼續。

就像當時包括尼采在內的許多思想家一樣，勒龐對於
世紀之交的西方文明，也抱着一種絕望的末世心態。他
似乎在羣體的崛起中嗅到了某種歷史輪迴的徵兆。按他
的歷史觀，一切文明都逃不脫由盛而衰的循環過程，而當
一個文明開始敗落時，摧毀一個破敗的文明，一直就是羣
眾最明確的任務，只有在這時，羣體的主要使命才清晰可
辨，這時"人多勢眾的原則似乎成了唯一的歷史法則"。
對於這些帶有宿命論色彩的言論，我們可以不屑一顧，但
是我們有理由認為，勒龐在潛意識裏是想結束西方這種因
權威危機而面對的混亂局面的。他所希望的解決方案，毫
無疑問是 18 世紀的英國人建立的模式，因此他對"拉丁
民族"缺乏盎格魯·薩克遜人那種個人獨立感情一再表示
擔心。他認為，由於這種缺少"種族品質"，他們在考慮自
由問題時所關心的，只是自己宗派的集體獨立性，"在各
拉丁民族中間，自宗教法庭時代以來，各個時期的雅各賓
黨人，對自由從未能夠有另一種理解。"這種羣體意識中
表現出來的集體主義傾向，使得法國人總是把民主理解為
個人意志和自主權要服從於國家所代表的社會的意志和
自主權，"因此在法國，不管是激進派、社會主義者還是

---

37 托克維爾：《舊制度與大革命》，北京，商務印書館，1992 年，201 頁。

保皇派，一切黨派要求全都求助於國家。"[38] 他能夠在羣眾給權力的合法性來源所造成的深刻變革中，警覺地嗅出"大眾民主"與"獨裁主義"之間有着直通車關係的危險，這種思想顯然起着至關重要的作用。

勒龐思想的來源，除了前面提到過的種族主義和對英國保守主義傳統的留戀外，19 世紀中葉以後在歐洲愈演愈烈的的反理性主義思潮，對他的思想影響也是清晰可辨的。但是這種影響並沒有使他轉向浪漫主義，反而強化了他的傳統主義立場。正如上文所說，他對人是一理性動物這個啟蒙哲學的基本假定，有着深刻的不信任。他用和後來的哈耶克幾乎完全一樣的語氣，認為"對歷史事實最細緻的觀察，無一例外地向我證實，社會組織就像一切生命有機體一樣複雜，我們還不具備強迫它們在突然之間發生深刻變革的智力"。因此他反對一個民族熱衷於重大的政治和社會變革，他認為，這種變革的計劃從理論上說無論多麼出色，都不會使民族氣質即刻出現變化（因為"只有時間具備這樣的力量"）。採用激進的方式，借助於抽象的原則貫徹一種社會改造的藍圖，只會"使一個高度精緻的文明倒退到社會進化更早期的階段"[39]。

所有這些，構成了勒龐對羣眾、領袖和觀念的鼓噪以

38《烏合之眾》，第 188 頁。

39《烏合之眾》，第 188 頁。

及建立於其上的民主和社會主義理念持極端輕蔑態度的
基礎。雖然從這種"羣體時代"的現象中，他錯誤地得出
了和施賓格勒一樣的結論，以為自己正在目睹西方文明就
要沒落的徵兆，但是大概沒有人會否認，他的羣體心理學
研究的意義是超越了這一錯誤的。因此，假如我們只去批
評他那種有點神秘主義的種族論傾向和經常是不合"學術
規範"的臆斷（這當然必要），這無異於放棄了一些非常有
價值的思想。

　　至少我們可以説，勒龐的羣體心理學研究所觸及到的
問題，不管在他之前還是此後，是一切思考民主問題的人
所難以迴避的。羣眾作為一種政治合法性的重要來源，早
在古希臘時代，亞里斯多德就指出過它有着走向獨裁的危
險。[40] 此後的柏克、孟德斯鳩、約翰·穆勒和托克維爾
等人這方面的言論，也早已為人們所熟知。我們更應深思
一下，自從古希臘之後，以民眾直接參政為基礎的民主在
人類歷史上消失了二千多年，這一現象很可能有着深刻的
人性方面的原因，假如我們只用一句"反動的黑暗時代"
之類的話搪塞過去，未免顯得幼稚可笑。勒龐生逢一個羣

40　勒龐在《革命心理學》一書中，對這個問題有更詳盡的討論，並引用了
　　亞里斯多德關於民主的著名定義："它是這樣一種國家，其中包括法律
　　在內的一切事務，都取決於作為獨裁者而組成並受幾個能言善辯的演
　　説家統治的多數。" 見 Le Bon, *The Psychology of Revolutions*, Lon-
　　don, Allen & Unwin, 1913，第 1 部，第 3 章第 2 節。

眾重新崛起的時代，他敏感地意識到了這種現象中所包含的危險，並且以他所掌握的心理學語言，坦率地把它說了出來。從這個意義上說，勒龐的思想是超意識形態的，不然的話，我們也許就無法解釋，在民主和獨裁的關係這個問題上，為何我們不管是在最右翼的哈耶克，還是在力求不偏不倚的熊彼特或有左翼傾向的阿倫特和弗洛姆，都可以看到勒龐思想的影子。這種不謀而合的立場，實是因為他們都看到了一個無可迴避的事實，即 20 世紀暴虐而巨大的獨裁制度，它與以往的專制最大的不同之處，便是它們的合法性全都援之以一定的羣眾運動。

政治言辭一貫冷峻的馬克斯・韋伯論述權力類型的學說廣為人知，其中有一種類型便是"直接訴諸民眾的民主制"（plebiscitary democracy），關於這種類型他說，"領袖民主制最重要的類型——魅力人物統治的正當性，便是蘊含在因為被統治者的意志而產生的、並且僅僅由於這種意志而得以存在的正當性的形式之中"，而在現實中提供着這種類型的，正是那些"古代的和現代的革命獨裁者"[41]。當韋伯說這些話時，他顯然認為"革命獨裁者"也能建立"民主"，這難免會讓不明民主本義的人感到困惑不解。在這一點上勒龐則說得更明白一些，在表述同樣的思想時，勒龐使用了幾乎和韋伯一樣的語言，但是他同

41　韋伯：《經濟與社會》，北京，商務印書館，1998，上卷，299 頁。

時也指出了這種"民主"毀滅個人自由的本質:"大眾民主(Popular democracy)的目的根本談不上支配統治者。它完全為平等的精神所左右,⋯⋯對自由沒有表現出絲毫的尊重。獨裁制度是大眾民主唯一能夠理解的統治。"[42]不言自明的是,這種不尊重自由的民主,當然也會使人們本來要用它來馴服權力的願望完全落空。

因此在讀了勒龐之後,當我們再聽到有人說"代表人民的利益"或"代表大多數人的利益"時,是不是該多一份警惕呢?阿克頓爵士的名言"權力導致腐敗,絕對權力絕對導致腐敗",今天至少從口頭上已被中國人廣泛地接受,但是很少有人注意到一個事實,即他說這句話的意思,是在提醒人們對"一切權力"都有限制的必要,不管它是個人的權力還是集體的權力。至於如何完成這項任務,我們不免就會想到權力分立和選舉制度等複雜的憲政民主架構。這是勒龐的弱項,當然也就不屬於本文的話題了。

---

42 *The Psychology of Revolutions*, London, Allen & Unwin, 1913, part 3,chapter 1, section 3.

勒龐《烏合之眾》的得與失

羅伯特・墨頓 (Robert Merton)

在《社會心理學手冊》(*Handbook of Social Psychology*, ed. by Gardner Lindzey ,1954) 這本權威著作中，美國的社會心理學大師奧爾波特 (Gordon W. Allport) 大膽地斷言，"在社會心理學這個領域已經寫出的著作當中，最有影響者，也許要算勒龐的《烏合之眾》了。" 此書是否應當享有這麼突出的地位，當然可以提出異議，而且一直就存在着異議。不過有一點卻是沒有疑問的，即它確實對人們理解集體行為的作用以及社會心理學的思考發揮了巨大影響。此外，在"孤獨的人羣"和"千人一面"已經成為美國民眾形容自己的處境和感受的恰當用語的時代，我們也無法懷疑此書的適時性。

勒龐這本小書持久的影響力，在我們看來有些令人費解。1895 年它初次面世時，也許可以説不過是一本趨時髦的書，但是，一種時髦若是持續了大半個世紀之久，想必它一定有些獨到之處。我們如果再考慮它的性質，就會更加感到不解。它所包含的真理，也許沒有一條不曾被人説過，而且比勒龐在此書中的説明更令人信服，有些甚至出現在他寫此書之前，此後的論述更是不在話下。這本書在知識界卻繼續有着相當大的影響。更讓人費解的是，此書提出的一些觀點，如今已經被證明是有誤導作用或錯誤的，然而它仍然是所有我們這些羣眾行為的研究者不可不讀的文獻。最後，書中還含有各種互不協調的意識形態，但是意識形態迥然不同的意識形態信念的作家，卻都以十分嚴肅的態度對待它。也許，要想解開這團表面看來充滿矛盾的亂麻，我們最好還是考慮一下它對我們今天的意義。

《烏合之眾》的經歷和命運中的一個事實，有助於消除這種困惑。受到勒龐的觀點觸動的，不但有那些基本上全盤接受它們的人，如民粹派社會學家羅斯和心理學家麥克道格爾，甚至包括一些反對它們的人，如作為社會心理學家的佛洛伊德和社會學家派克。反對者可以駁斥勒龐的言論，但是他們不能對它視而不見，至少，假如他們不想放棄對社會心理學問題的關心，他們就不能這樣做，因為那都是些基本的問題。

這正是勒龐此書的主要功績所在：它幾乎從頭到尾表現出一種對重要問題的敏感性。用大法官霍爾姆斯先生的話說，勒龐在這本書中表明，他具有"脊髓中的本能"，只有在極少數思想家中，才能看到這種不斷發現有研究價值的問題的本領。對於社會心理學家以及所有思考自己社會的人，勒龐的著作所關注的問題，幾乎無一例外，注定會成為十分重要的問題。這本書的標題有着使人受騙的局限性，但是它談到了許多人們通常並不與"人羣"聯繫在一起的現象。可以說，勒龐在此書的這裏或那裏，以十分簡約甚至時代錯置的方式，觸及到了一些今天人們所關心的問題，如社會服從和過度服從、趣味單一、

羣眾的反叛、大眾文化、受別人支配的自我、羣眾運動、
人的自我異化、官僚化過程、逃避自由投向領袖的懷抱，
以及無意識在社會行為中的作用，等等。簡言之，他考察
了一大堆現代人面臨的社會問題和觀念。我相信，正是這
本小書所涉及到的問題的多樣性，使它有着持久的意義。
因此，《烏合之眾》的當代意義，在於它發現問題的功能
而非解決問題的功能。只要看一下此書對佛洛伊德的意
義便可認識到，這兩種知識功能雖然互有關連，還是有所
區別的。佛洛伊德提供了一條主管道，使勒龐的思想影響
進入了當代人的頭腦。當佛洛伊德在 20 年代把注意力轉
向"羣眾心理學"（這是他的"Massenpsychologie"一詞的
習慣譯法），發表了這方面的第一本專著《羣眾心理學與
自我的分析》時，他專闢一章討論勒龐這本書。他開篇便
下了一個斷語："勒龐的 *Psychologie des foules*（《羣體心
理學》，該書法文原版的書名。），一本當之無愧的名著"，
最後又以類似的判斷做結："他極為精彩地描述了集體心
態"。夾在這兩個判斷之間的，是連篇累牘地引用《烏合
之眾》中的段落，數量之多，與佛洛伊德簡短的評論加在
一起，幾乎佔了全書的六分之一。

　　但是人們很快便發現，佛洛伊德對勒龐這本書並非持
明確的贊成態度。在下面一章，他一開口便收回了前面對
勒龐思想的讚揚，他說："……我們現在必須補充一句，

其實作者的所言沒有一點新東西。……此外，勒龐等人對羣體心理的描述和評估，絕不是無可爭議的。"

這些否定性斷語看上去有些失禮，與佛洛伊德幾頁紙之前的說法也不十分吻合。不過，這種雙重否定也許是內心感受的真實流露，而非不禮貌的廢話。誇張法歷來就是一種簡單表明觀點的技巧。因此，假如我們從佛洛伊德的判斷中消除他表達這種判斷所採用的誇張語氣，只保留其實質，然後問一句：既然勒龐的話既無新意也不正確，為何又對它如此重視呢？佛洛伊德為何像許多嚴肅的評論家一樣，懷着從知識角度看明顯的尊重來看待《烏合之眾》呢？他幹嘛要把此書作為自己論述社會心理學的起點？佛洛伊德以可敬的直率態度回答了我們的問題："我們把勒龐的言論作為我們的引路人，因為它對無意識精神生活的強調，十分適合我們的心理學。"

佛洛伊德給自己重視勒龐的思想所做的簡單解釋，乍一看好像無可非議，然而並不全面。他解釋了自己為何從勒龐的著作中找到了優點，卻沒有解釋自己為何要貶低勒龐的思想既無新意也不正確。要想理解佛洛伊德這種自相矛盾的態度，還需要做進一步的說明。佛洛伊德對勒龐自相矛盾的態度是難以否認的。他在一頁紙上否定勒龐，又在下一頁紙上反過來說，勒龐"對羣體心態做了出色的心理學說明"。

在佛洛伊德論述勒龐的一章中，可以找到對這種矛盾態度的思想——而不是心理學——解釋。在這裏，他幾乎是用一種貓捉耗子式的蘇格拉底對話的方式，為兩個角色寫出台詞。這種矛盾態度的基礎歸結起來說就是：勒龐只是問題的發現者，而佛洛伊德可以成為問題的解決者，因為勒龐是否能夠既當前者也當後者，並不是件十分確定的事情。對於前一種能力，勒龐值得讚賞，佛洛伊德也十分大方。至於後一種能力，勒龐頂多只能說是毫無用處，甚至完全錯誤，而佛洛伊德則堅持認為，他既無用又錯誤。佛洛伊德把這兩種角色交替派給勒龐，於是他本人也在這種矛盾態度的兩極之間搖擺。最後，佛洛伊德為所有這些論述提供了一幅清楚的畫面（雖然是一幅形象需要大加修改的畫面）：勒龐播種，佛洛伊德澆水並培育其生長。

在佛洛伊德看來，勒龐作為問題的發現者，指出了羣體生活重要的方面，但並沒有對它們做出解釋。

勒龐討論了"感情的強化"與"理智的欠缺"，因而點明了羣體心理的"基本"事實。但是——佛洛伊德說——他並沒有看到羣體成員之間建立感情聯繫的心理過程的原因。

作為問題的發現者，勒龐也看到了羣體和有組織的團體中間"感情傳染"和易受暗示的巨大作用，但是——佛洛伊德認為——他沒有認識到，這是團體成員與領袖以及其他團體有着性本能關係的產物。

勒龐意識到，如果沒有任何聯繫，"只是一些人聚在一起，尚不足以形成團體"，但是他卻不理解這種聯繫是如何建立起來的。

勒龐特別指出了羣體感情的易變、愛與恨的猶疑不定以及它的團結和仇視態度，但是他沒有看到羣體的矛盾和理想化（這時被誇大了的受愛戴人物會變得不容批評）傾向的心理機制。

勒龐"生動描述了"羣體缺乏感情約束以及它"沒有中庸與三思而後行的能力"，但是他不具備任何理論，使自己可以看出這是退化到某個早期階段的結果。（甚至佛洛伊德這樣的大人物有時也會走神。他說勒龐沒有明確的退化觀念，這當然不錯。但是勒龐一再把羣體所特有的衝動、"無推理能力、缺乏判斷力以及誇大感情"比做"進化的低級形態——例如婦女、野蠻人和兒童——中的傾向"。因此他已預見到了佛洛伊德本人的錯誤，當他寫下退化到"不必奇怪可以在野蠻人或兒童身上看到的早期階段"時，婦女顯然被排除在了這個階段之外。）

佛洛伊德錯誤地、因此也是有失公正地說，勒龐沒有"估計到領袖在集體心理中的重要性"，而他能夠揭示領袖在集體行為心理過程中的作用。佛洛伊德沒有注意到，勒龐賦予了英雄神話以極大的重要性，這正像佛洛伊德在與奧托・蘭克討論之後認為英雄神話是個人把自己從不斷的集體統治中解放出來的手段一樣。

勒龐看到並強調了羣體中的"扯平"趨勢，它要求在受壓制的平庸水準上的充分平等。但是據佛洛伊德的判斷，他沒有認識到這僅僅是一個潛在過程的外在的可見後果，在這一過程中，羣體成員"通過對同一個目標有着相同的愛戴而互相認同"，所謂"目標"，是佛洛伊德的專業術語，在這裏指領袖。

勒龐用自己的語言，生動說明了作為羣體和羣體成員標誌的"服從的慾望"。但是他就此止步，沒有認識到這種情況的出現，是因為體現在領袖身上的集體理想取代了自我理想。

最後，佛洛伊德犯了個有益的錯誤，他認為，勒龐把自己的研究局限在有烏合之眾特點的暫時性集體上，其實他是在無意中撞上了一個最有價值的研究題目，因為只有在這種暫時聚集的人羣中，才能夠最清楚地看到個人對羣體的要求百依百順，自願放棄自己獨立自主的精神。佛洛伊德這樣來定義勒龐的羣體概念是錯誤的，只要讀讀下面的幾頁，就可明白這一點。不過，一流的頭腦即使犯下錯誤，也會有所收穫。佛洛伊德的錯誤是個聰明人的過失、因為不留神而產生真理的幸運過失。雖然佛洛伊德有此說法，認為勒龐的陳述"只涉及短命的集體"卻顯然是錯誤的。然而這個錯誤卻使得佛洛伊德讚揚勒龐選取了這些"喧鬧的、暫時的羣體"進行研究，"它們只是集體中的一個類型，我們從中可以看到，正是那些被我們視為個人特性的因素，徹底——雖然是暫時的——消失了。"佛洛伊德以這些話具體說明了一個在科學研究中普遍適用、在社會科學中尤其需要強調的基本原則，因為很少有人認識到它。這就是可以稱之為搜尋"重大研究領域"的原則，即尋找這樣一些課題——這裏的具體課題就是暫時性的羣體——它能夠使人去研究那些可以取得特殊優勢的科學問題。

勒龐部分地做了佛洛伊德以為他做過的事情，然而他是在不知不覺中這樣做的。他集中研究了暫時性的羣體，但並沒有把自己局限於此。根據他的用法，"羣體"是個寬泛的概念，既指暫時聚集在一起的人，更是指一些持久存在的團體和社會階層，例如組成議會、宗派和階級的人。不過，勒龐在關注較有生命力的公眾，甚至更為持久的階級的同時，更為注意那些形成政治暴民的短命人羣，因此他實際上抓住了一個研究集體行為的重要時機，即在可視性極佳的時刻對它們進行研究。有理由認為，佛洛伊德把勒龐顯然並不具備的方法論技巧歸在了他的名下。佛洛伊德得出這個對勒龐有利的評價，也不是因為他注意到了勒龐在這個具體研究中做了科學家都在從事的工作，即找到重大的研究素材，它們能夠揭示出比所研究的事例更為廣泛的變數之間的相互作用。

從佛洛伊德對待勒龐的矛盾態度中得出的結論是：勒龐對人羣和集體行為的突出特徵有相當敏銳的把握能力，但是他並沒有對它們做出令人滿意的說明。根據這種評價，勒龐像是一條專門尋找松露的狗，他在社會心理學表層的某個位置上停留片刻，因為它下面有些別人沒有發現的重要的理論松露。佛洛伊德把自己的形象設計得與勒龐相反，他認為自己是個能夠透過表面看本質的人，他能夠找出社會心理學的松露，把它們烹製成一道美味的知識佳餚。這兩種形象對他們兩人以及他們的著作都不十分公正，然而也不能說一點也不公正。勒龐主要是個羣體社會心理學問題的發現者，而佛洛伊德在某個階段是個很有想像力的問題發現者，有時也是這個領域的一個成功的問題解決者。通過評價佛洛伊德對待勒龐的矛盾態度，我們能夠看到一些可以被稱為重要的新思想（但是別人已經有所預見，因此並非不可缺少）和一些正確而有意義的思想（但並不十分深刻，因此只有提示的意義）的貢獻和局限性。對勒龐這本《烏合之眾》的矛盾態度，就是一個十分恰當的例證。

佛洛伊德對這書的感受並不稀奇。這裏單單把它舉出來予以說明，並非因為任何時候提到像佛洛伊德這樣機智而富有創造性的頭腦的作品，都會讓我輩感到愉快，而是因為他對勒龐的理解，以及他的造成意外收穫的誤解，能夠幫助我們理解此書。如果佛洛伊德在提出自己有關人的社會行為的思想時，從中發現了大量有現實意義的因素，那麼在較小的範圍內我們也能夠做到這一點。他從該書中得出許多發現，雖然總的來說他沒有發現任何十分正確或全新的觀點，這對我們也有教益：勒龐的表述遠不是蓋棺之論，它只能算是一個為這個題目更為先進的觀點提供了重要指導的起點。

一組有現實意義的因素，賦予了佛洛伊德對此書的解讀以意義，同樣它也能為我們的解讀帶來意義。這需要我們從該書中發掘出比它的字面含義更多的東西。讀者不僅要注意勒龐多有論述的問題，還要注意他有時在無意之間表露的思想，這樣我們便可以感受到人的社會行為中自己過去沒有留心的某些方面。就像許多別的書一樣，讀者如果希望從中得出一些能夠得到的東西，讀出字裏行間的含義是很重要的。這也適用於我們中間那些組成了各類團體的人，尤其是那些叫嚷着自己不服從的人（其實他們受着嚴格的約束），如果他們想理解對我們每個人都會發生作用的服從傾向的話。

此書包含着豐富的現實意義，其中有不少隱藏在字裏行間，這不僅解釋了它經久不衰的影響力。這種影響力也來自它的主要論點屬於一些複雜思想的一部分，它們大多數仍然與我們同在，即強調人的行為中反理性或非理性的特點。這是一幅世紀末的人類畫像，它把人類描繪成極易受到操縱，莫明其妙地情願受騙上當的人。不過這顯然是一幅未竟的肖像畫。因為如果有些人受到控制，必定還有一些人在控制。因此從根本上說，有些人是把別人當做達到個人目的的手段。另一個更深刻的假設是，人類有着自我欺騙的無限能力，他能夠頭頭是道地把罪惡說成美德，為了犯罪而否定美德。人類性格的這幅畫像還導致了一種社會哲學和社會學，認為人類特別易於在社會的引導下變得十分愚蠢，使他天生的才智或是因為追隨烏合之眾而變得平庸無奇，或是用途邪惡，作為那些不十分奏效的暴力和強制的幫兇，欺騙自己的同胞。

人既無理性又自私自利，易於衝動且反覆無常，或者是把理性用在傷天害理的事情上。他既是暴力和虔誠騙局的實施者，又是它的犧牲品——這樣一幅人類畫像，在勒龐寫此書時當然不算不上甚麼新見解。至少從《君主論》——這個標題顯然強調了控制者——的時代起，一直到《烏合之眾》——這個標題轉向了被控制者——的時代，每個世紀的馬基雅維里主義作家，就一直在不斷地設計出這樣的形象。不過同樣真實的是，它在上個世紀後半葉才變得十分醒目且一直延續至今，人類是一完美的理性動物這一形象，即使沒有被它消滅，也受到了它的破壞。

　　對於人類及其行為中這個令人憎惡的方面，心理學家、社會學家、社會哲學家、政治理論學、政論記者以及有創造性的落魄小説家，都寫過大量的書和應時之作，勒龐的《烏合之眾》，不過是其中的一本而已。這本書出版的同一年，即 1895 年，布羅伊爾和佛洛伊德發表了他們的突破性力作《癔病的研究》，這是個可圈可點的巧合。它們的同時出現，無論如何也不能説是出於偶然。因為只有在造成強調人類非理性的著作大量出現的相同社會條件下，這種思想相近的著作才完全有可能幾乎同時出現。

　　也許有人會否定這種説法，認為每個時代都有自己的麻煩，每個時代都會自以為面對着理性的黎明或非理性的開端。然而這種觀點是錯誤的，它畢竟沒有説明這種時代的自我形象在 19 世紀下半葉的法國何以如此迅速地抓住了人心。回顧 19 世紀 50 年代，由龔古爾兄弟組成的那個兩人文學小組，他們從未滿足於小組內的意見一致，一起預言患了貧血症的歐洲文明將遭受野蠻人的攻擊，這不是指那些在歐洲已經找不到的野蠻人，而是那些——在他們看來——粗野的工人，他們説，這些人會把自己的這項任務稱為“社會革命”，當時法國的人道主義知識分子——泰納、聖伯夫、諷刺作家“加瓦爾尼”、勒南，以及龔古爾兄弟生活和工作於其中的那個圈子裏的其他人，全都對眼前的“道德衛生狀況”憂心忡忡，對未來的日子充滿疑慮。他們的預言在許多方面都和勒龐這本書的內容沒有多大區別。例如泰納就預言說，20世紀的人會表現得活力有餘而悟性不足。

關於羣眾行將發生的統治，還有着比這些模糊的預兆更多的現象，它們足以說明，從社會學的角度看，勒龐的思想注定會出現，即使他本人從未存在過。在這一點上最好的證明是，在同一時間，另一位社會心理學家，義大利人西蓋勒，也提出了基本相同的思想，正如其中不少思想也由法國人塔爾德表述過一樣。大凡是兩三個人幾乎同時得出了相同的思想，經常會出現誰是思想先驅的爭執。這場曠日持久的爭論解釋了勒龐為甚麼一再別有用心地重複他15年前就羣體的"模仿"和"感情傳染"問題說過的話。他與西蓋勒不斷進行着或是公開——這是勒龐的典型風格——或是指桑罵槐的爭吵，後者在自己的《宗派心理學》中直率而憤怒地自稱先驅，並說勒龐的《烏合之眾》"大部分顯然都是在抄襲我的著作"；在《犯罪羣體》的第二版中，他又一時興起，抱怨勒龐"在討論羣體心理時利用了我的觀點，卻對我隻字不提"，又說，"我一點也沒有正話反說的意思，我認為採用我的觀點卻不提我的名字，再沒有比這更高的讚揚了，對此我沒有絲毫的懷疑。"我們當然沒有興趣為這些一度頗為激昂的優先權聲明做出宣判，這種事後的判決，是那些有知識成就的重要法官，那些思想史專家的事情。在西蓋勒和勒龐以及——在較小的程度上——塔爾德之間的爭吵，對我們的意義僅僅在於，許多人同時有着基本相同的思想，並且至少部分地相互獨立存在，這證明了這些思想幾乎必然出現，因為文化遺產中已經為它積累起了知識前提，還因為受着社會引導的興趣，已經把思想家們的注意力轉向了能夠產生這些思想的問題。

有相當嚴格的證據，而不是道聽途說，可以使我們認為，勒龐的著作部分地反映着當時的文化氣氛。回憶一下 17 世紀格蘭維爾的氣象學比喻吧，在 20 世紀懷特海使它復活之前，它一直就默默無聞。形成一種輿論氣氛的思想，迎合了人們的趣味，這並非出於偶然。它們所以能夠得到普及，是因為深層社會結構出現的變化，是因為這個結構由於各種壓力和緊張關係已在咯咯作響，或是因為嚴重的震盪和變化使一些人們所接受的思想有了意義，或使一些與當前無關的思想變得不合時宜（它們還會頑強地表現自己，因為並不是文化中的一切都嚴格地受社會結構的決定，還因為同樣的結構壓力對該結構中地位不同的人會有不同的意義）。一般而言，思想的創造性以及這種思想的普及，需要同樣的社會條件。具體而言，我認為，使勒龐的言論和思想迅速得到普及的那些重大歷史事件，也就是對他提出那些思想起了很大作用的事件。同樣是這些事件，使勒龐和他的聽眾之間產生了共鳴。

　　只要稍微看一下勒龐度過其漫長一生的歷史背景，便可說明為甚麼他對羣體中的個人的描述對於他本人和他的讀者都深具意義，以及他為何根本沒有機會對這種描述做重大的修改。勒龐生於 1841 年。那個人們本來以為具有革命精神的國王，路易・菲力浦，變成了一個徹頭徹尾的保守派，從而又激起了改頭換面的激進主義和空想社會主義的傳播。當勒龐還是個七歲大的孩子時，巴黎打起了街壘戰並導致國王迅速退位，在 6 月起義的慘烈巷戰後，路易・波拿巴親王取代國王，成了第二共和國的總統。當時他還無法理解路易・波拿巴如何巧妙地利用民眾，把總統職位變成了皇位，以拿破崙三世的稱號傲慢地統治着第二帝國。不過後來，到了 19 世紀 60 年代，勒龐顯然贊同這位皇帝安撫民心的十年統治——他是想避免民眾的反叛，只希望巴黎的老百姓在經歷了色當慘敗後能夠把歐洲忘掉。在 1871 年的公社期間，激進派以及共和派、普魯東派和布朗基派等一夥烏合之眾短暫地掌握了政權，勒龐對此深感憂慮。對於這次反叛，馬克思懷着自相矛盾的心情，既說它是一個巨大的政治錯誤，又認為它是工人為自己的權利而舉行起義的預演，是他們最終獲得解放的序曲。作為一名成熟但並不總是十分敏銳的觀察家，勒龐目睹了 1870 年成立的第三共和國的審判、它那些走馬燈一般的政府更迭，以及它為了統治羣眾而借助於蠱惑人心的努力（有時也確實奏效了）。尤其重要的是，對不久之後便要動筆的著作十分有利，勒龐親眼目睹了那個優柔寡斷而又好戰的煽動家布朗熱將軍迅速取得潛在勢力的過程，他在 1886 年 7 月 14 日，就像那位"馬背上的人"一樣，騎着自己那匹名為"突尼斯"的戰馬闖進了歷史。

勒龐在全書中只提到了布朗熱兩次，一次提到他的名字，另一次只是間接的暗示，英譯本的譯者因為拿不準讀者是否記得那段歷史，認為有必要加上一條指名道姓的註釋。後面這個暗示表明，作為一個即使說不上心驚膽顫也十分沮喪的保守派，勒龐本人對羣體及其社會心理學的理解，在多大程度上是建立在他對發生在自己面前的事情的觀察上。勒龐這樣寫道：

> "羣體很容易做出劊子手的行動，同樣也很容易慷慨赴義。（這種有關矛盾心理的論述令佛洛伊德感到親切。）正是羣體，為每一種信仰的勝利而不惜血流成河。（然後勒龐又補充上了與我們的目的十分相符的話。）若想瞭解羣體在這方面能幹出甚麼事情，不必回顧英雄主義的時代。他們在起義中從不吝惜自己的生命，就在不久以前，一位突然名聲大噪的將軍，可以輕而易舉地找到上萬人，只要他一聲令下，他們就會為他的事業犧牲性命。"（見本書卷 1 第 2 章第 1 節）

　　這個未點名的將軍當然就是布朗熱。這段布朗熱插曲即使法國人還沒忘記，在美國人中間也早就被忘掉大半了，這就像那些可怕而短命的時期一樣，強而有力的煽動家因為沒有最終把自己接手的政權合法化，通常都會被每個國家受到廣泛閱讀的史籍所遺忘。但是在 19 世紀 80 年代的後五年裏，布朗熱將軍和他那羣政治烏合之眾的崛起，以及那場佔領法國政治舞台的稱為布朗熱主義的運動，其規模就像約瑟夫・麥卡錫參議員和稱為麥卡錫主義的那場佔領了 50 年代前五年美國政治舞台的運動一樣。（可笑的是，這兩件事居然連細節都十分相似，麥卡錫在政治上垮台三年後落魄而死，布朗熱受到以叛國罪被審判的威脅，逃離了法國，三年後去世，死因顯然是自殺。）

　　如此倉促地談論這些人和運動，它們在時間上相隔幾代人，社會空間也相距遙遠，因此乍一看好像是些無聊的歷史類比。勒龐的《烏合之眾》畢竟不是在寫歷史，他借助於歷史，是要努力找出羣體性格和行為中一再出現的相似之處，它們只在細節上有所不同。雖然在勒龐的思想經歷中沒有證據表明，他首先提到布朗熱插曲是想用歸納法找出羣體社會心理的發展脈絡，但是這段插曲的確引起了他的注意，在這一點上他和當時那些不加思索的法國人是不一樣的。

　　變成偶像的布朗熱這段短暫而不光彩的歷史，讀起來就像一部由勒龐創作的反映領袖和羣眾關係的社會心理學劇本。但是，既然是事件發生於前，因此更為合理的假設是，勒龐對事件進行了總結，而不是布朗熱和他的追隨者預演了這部著作。作為勒龐關於羣體行為的思想之根源和可能的依據，布朗熱主義也值得我們注意。

在經歷了穩步提升，成為法國軍隊中最年輕的將軍之後，布朗熱進入了作戰部，負責為當時的激進派領袖克萊孟梭制定那些秘密決策。他先是因為顯著改善了軍隊的生活條件而獲得廣泛的支持，它現在已不是習慣於艱苦條件的職業軍隊，而是以一些暫時變成軍人的普通文官為基礎。不久，他變成了一個因人而異的多面人物。第三共和國心懷不滿的大眾，認為他是能夠消除他們主要的不滿根源——政權——的領袖，布朗熱本人毫無政治信仰，因此他能夠而且也確實答應滿足許多政治派別相互對立的利益。他答應戴魯萊德的愛國者同盟，要揮舞起惡棍的大棒來貫徹他們的沙文主義主張，要把德國人趕回萊因河以洗雪民族恥辱；對於波拿巴主義者，他許諾要恢復帝國，對於維持着他的花銷的保皇黨，他答應恢復君主制。五花八門的政治羣體，社會主義者、機會主義者、溫和的共和派和持不同意見的激進派，他能變得讓每一派都把他認作"他們的人"。這些羣體因為共同反對政權而鬆散地結合在一起，全都認為布朗熱就是他們事業的領袖，雖然他本人除了將軍的事業之外，實際上不支持任何事業。整個民族羣體的各種矛盾，在領袖個人身上取得了統一。

　　政治事件一幕幕接踵而至：1886 年巴士底獄紀念日，巴黎民眾在朗香高喊他們支持將軍，不要總統；在將軍競選獲勝後，巴黎的羣眾不斷叫喊着要他向愛麗舍宮進軍；報紙對他表現得百依百順，先是羅甚福爾的《不妥協者報》，後來是維伊奧的《宇宙報》，再後來，其他一些報紙眾口一詞，都變成了將軍及其運動的宣傳頁，在還沒有出來證實一下已經說過甚麼之前，便盼望着聽聽"他們在街上正說些甚麼"；獻給"我們勇敢的將軍布朗熱"、"啊！復仇將軍"和"希望將軍"的讚美詩迅速增加，這些歌既表達了羣眾的感情，也控制了他們的感情；各種玩具、機械工具，甚至——竟然偶像化到這種地步——燒酒，都拿這位受愛戴的領袖的名字來命名，簡言之，這是布朗熱主義短暫而強烈的支配期，它幾乎就要以一次新的霧月 18 日而大獲全勝。對這些事情無需再做細節上的描述，它們不過是勒龐這本書中的一頁（當勒龐提到那個無名將軍"可以輕而易舉地找到上萬人，只要他一聲令下，他們就會為他的事業犧牲性命"時，字裏行間便隱藏着這些事件）。

　　布朗熱故事餘下的部分也包含在這本書裏，只是被偽裝成了一些概括性的語言。特別恰當的記錄是羣體——

尤其是巴黎，不過外省也一樣——愛恨無常所造成的迅速
變化的左右搖擺：布朗熱今天還受到崇拜，明天便成了嫌
犯。勒龐在布朗熱的迅速崛起中，也許找到了他用於全書
的一條公理，即就名望的起源而論，取得成功就是最大的
成功，正像他從布朗熱的突然垮台中也看到另一條相關
的公理一樣，雖然他沒有把它明説出來，這就是，就名望
危險的衰落而言，失敗就是最大的失敗。當法國精明的政
治家（主要是指老牌政客、法國內務部長孔斯坦，但並不
限於他一人）不斷算計這位大眾英雄的諸多弱點時，他便
很快失勢，一如他很快得勢一樣。布朗熱懾於叛國罪的審
判，和他多年的可愛情婦瑪格麗特・德・邦曼逃離法國，
他先去布魯塞爾，在很快被驅逐出境後，又去了倫敦，然
後是澤西，最後又回到布魯塞爾。他在流放中依然抱着天
真的樂觀主義，在布魯塞爾發表了一些沒人看的宣言，最
後他終於認識到，法國各政治羣體想必又落入了狡猾的政
客手中，不再把他當作決定他們命運的人了。政治失敗的
打擊，再加上 1891 年他的瑪格麗特因結核病去世，使布
朗熱在兩個月裏哀痛不已，終於也讓自己躺進了安葬着她
的伊克塞勒墓地。

　　勒龐和他的同代人一起看到了這一切，但是和他們中
間的許多人不同，他對自己的所見做了思考。在這出戲
的中間，他看到巴黎輕浮的民眾迅速忘記了他們的馬背

英雄，在布朗熱逃離法國不久後的 1889 年 6 月，萬國博覽會開幕，在眾多賞心悅目的事情中，埃菲爾鐵塔獨佔鰲頭，它那伸向天空 300 米的鋼鐵身軀，宣告了一個世紀的到來，在這個世紀裏，鋼鐵城市將取代石頭城市。在思考羣眾的輕信和多變時，勒龐想必從他們對那個末路英雄的報復性攻擊中看到了證據，説明他們"為自己曾向一個已不復存在的權威低頭哈腰而進行報復"（見本書卷 2 第 3 章第 3 節）。

勒龐留心地看着這一切，並以概括的方式把它們寫進了自己的《烏合之眾》一書。即使布朗熱插曲不能為他的社會心理學磨房提供足夠的穀物，當時的歷史也很容易供給他充足的原料。在布朗熱主義消失後不久，便上演了雷賽布——一個能移動山嶽、鑿穿地峽的人——戲劇的最後一幕。他在蘇伊士大獲成功很久以後，卻栽在因醜聞而引起的巴拿馬運河的失敗上。在年屆 88 歲時，他自豪地佩帶着榮譽軍團大十字勳章，卻發現自己被判了五年徒刑。對於這件事，勒龐難以做到怒不形於色，也無法保持學術上的超然品格。於是我們在此書的一些地方，看到他憤憤不平地分析了民眾如何攻擊這位"歷史上最了不起的英雄之一"。

這一系列事件的登峰造極之作，就是被充分理解其含義的法國人至今還稱為"大事件"的那件事，它也許加速了此書的寫作進度，對此我們並不清楚。就在勒龐寫這本書的同一年，出現了對德累福斯上尉的起訴，他迅速受到秘密審判並被定為叛國罪，然後剝奪軍銜，被判在魔島上終身服刑。他是第一個獲准進入總參謀部的猶太人，而且是個阿爾薩斯人。主要是受到驚恐萬狀搖搖欲墜、雖有政治頭腦卻又愚蠢透頂的總參謀部當局的挑動，另一方面也受着它的操縱，法國羣眾的行為後來達到了頂點，並且造成了許多次要後果，其中之一便是給勒龐的書提供了新的依據。然而，1894 年對這個非我族類的審判、定罪、撤職，足以把羣眾不負責任的輕信態度傳遍全國，其嚴重程度即使最不關心政治的法國人（但願這不是個自相矛盾的稱呼）也不會不予注意，更不用說像勒龐這樣的觀察家了。

也許我們現在可以明白，為何說勒龐這本書是一部以閱讀法國大革命事件為基礎的羣體行為的社會心理學著作，只是出於習慣，卻並不完全準確。這種流行的解釋只有部分的正確性。不錯，在勒龐用來闡明自己這個或那個觀點的五十多個具體歷史事件中，大約有二十個左右說的是法國大革命的歲月，還有幾個談到了拿破崙。不過剩下的事件仍佔一半左右，它們不但都發生在法國，而且都是勒龐親眼目睹的事件。進一步說，所以提到大革命，也是因為勒龐本人那個時代的事件起着一部分作用。就像其他許多法國人一樣，勒龐受着這場大革命的糾纏，但是在他的著作中還有無數個暗示表明，他對自己身邊的羣體行為所做的觀察，提醒他去注意大革命中的一些相關事件。他對法國大革命的社會心理學研究，往往是因為他看到了19世紀法國的羣體生活而對歷史的回顧。簡言之，他經常是在評價大革命時代羣體行為的偽裝下，對第三共和國的羣體行為進行分析。

如我們所知，在閱讀勒龐時，往往會覺得他本人經歷過法國大革命，他的希望不幸被第二帝國所出賣，又因第三共和國而徹底破滅。當然不是這樣。他活到90歲，這本使他揚名四方的書問世於他55歲那年。但是他在自己那個時代對法國羣體行為的觀察，已足以為他的社會心理學奠定基礎。勒龐一旦有了這樣的想法，也許他會對聖保羅大教堂唱詩班入口處那句紀念雷恩的銘文重新加以解釋，向他的同代人說："諸位如果需要我這些想法的證明，看看你們周圍吧！"

事情就是這樣，過去時代的歷史事件，既不是勒龐的羣體行為理論的唯一來源，也不是其主要的經驗證據。人們所以能夠得出這樣的看法，至少是因為他對於把歷史用於學術研究的目的，表現出一種十分矛盾的態度。這本書裏，他發現對於作為當時複雜事件和人類社會行為結果之真實記錄的史學，或更確切地說是歷史記載，他可以不予理會。在這一點上，雖然無據可查，但是按照他所宣佈的原則，他持的是"歷史全是一派胡言"的觀點，（據說）這句話後來由亨利·福特說出而廣為人知。如果福特確實說過這句妙語，他也只是簡單一提，而且是出於無知，而勒龐卻說得很多，並且不像是出於無知。懷着這樣的心情，勒龐相信"只能把史學著作當作純粹想像的產物。它們是對被歪曲了的事實所做的無根據的記述，並且混雜着一些對思考結果的解釋。寫這種書是徹頭徹尾的虛擲光陰"。（見卷 1 第 2 章第 2 節）為了得出這種虛無主義的判斷，勒龐首先認為歷史記載難逃兩種噩運：第一，這是因為記錄歷史真相的證據並不存在或已散佚；第二，對碰巧可以利用的文獻進行有傾向性的選擇，他認為這是史學家不可避免的事情。

後來他又換了一種心情，這種心情顯然延續了很長時間，使他花費精力寫了好幾本所謂歷史著作。他發現，不嚴重地依賴歷史，根本無法談論羣體行為（或人類任何其他類型的行為）。1912 年，當勒龐發表《法國大革命和革命心理學》（*La révolution francaise et la psychologie des révolution*）一書時，他只是改變了自己的做法，卻沒有改變看法，即寫出真實的歷史是一種荒謬的要求。

就像同矛盾心理做鬥爭的大多數人一樣，勒龐也提出了一種妥協的理論。這使他既可以和歷史生活在一起，又能夠否認與它同居的事實。這個合理化的理論迷人而簡單：不錯，"關於那些在人類歷史上發揮過重大作用的偉大人物的生平，如赫拉克利特、釋加牟尼或穆哈默德，我們擁有一句真實的記錄嗎？"但是勒龐又說，這些人的"真實生平對我們無關緊要。我們想要知道的，是我們的偉人在大眾神話中呈現出甚麼形象。打動羣體心靈的是神話中的英雄，而不是一時的真實英雄。"（見卷 1 第 2 章第 2 節）

對於這種好像在真正的歷史與作為有效神話的歷史之間取得妥協的做法，我們可以提出置疑，但是，對於勒龐在這種看待歷史的矛盾心情中搖擺於兩種對立傾向之間的困境，我們卻必須給予同情。他觸及到了一個後來得到更嚴格更令人信服的闡述的觀點：在決定人們的歷史地位上起着更大作用的，不是他們的"真實"面目，而是後人對他們的認識和感受。在這兩者之間，在真實性（在創作者本人看來也許完美無缺）與表相之間，不必完全吻合，雖然有時能夠吻合。在同自己這種對待歷史的複雜感情的搏鬥中，勒龐使自己接近於一個可以稱為湯瑪斯定理（這個名稱來自 20 世紀美國社會學過去的大師湯瑪斯）的觀點："假如人們把條件定義為真，則根據其結果它們既為真"。他接近於得出一個後來人們才知道的見解，即人的"公開形象"以及該形象在影響接受它的"羣體"方面所起的作用。勒龐對自己對待歷史的矛盾態度極力要想出一個究竟，這使他幾乎——雖然少稍火候——得出一種正確的見解：作為神話的歷史在形成後來作為社會現實的歷史上發揮的作用。

勒龐雖然展現出他的全部智力（這一點不容忽視），比較而言他還是沒能取得對那些學者的勝利，他們以人盡皆知的含糊其辭的最終分析為據，否認歷史為發現人類社會生活中的一致性因素提供了基本材料。勒龐像他的許多同代人一樣，可悲的是，也像他的許多後來者一樣，認為歷史是一種表相，而歷史文獻所記錄的是一些獨一無二的事件。如果嚴格地說就是如此，如果歷史材料不能為探尋人用一種讓人覺得似是而非的很不明確的語言，人類行為發展及其社會制度和社會結構發展中的相同因素提供充分的基礎，那麼勒龐確實是在浪費他本人和我們的時間。對於這種粗糙的錯誤觀點，也只有那些享受着不勞而獲的先人遺產的人才能瞧不起它：這不過是事後的聰明。（就在《烏合之眾》出版六年後，傑出的德國哲學家李凱爾特和文德爾班仍在解釋為何歷史只能得出特殊的描述，它們不同於能夠在物理學和生物學中發現的相同因素。只是到了後來，才有人否認在研究普遍規律的（或概括性的）學科與研究獨特（或稱單獨的）現象的學科之間所做的錯誤劃分，例如，柏拉圖的觀點：＂'歷史絕不會重複'與相應的歷史在某些方面──我們可以稱之為主要的方面──'總是重複',是同樣正確的。")

　　幸運的是,勒龐在實踐中繼續否認他從原則上給予肯定的觀點。他利用歷史,通過從無疑具有獨特性的具體歷史事件中,抽象出某些在一定程度上重複出現的方面,以此找出人類行為中假定的相同因素。不過在指出這一點時,我們切不可對勒龐有失公正,把他實際上沒有表現出來的先見之明歸在他的名下。讀一下此書便可知道,勒龐顯然並不具備方法論的頭腦。他的著作從來不為系統搜集證據所累,以便使自己的思想能夠經受住公正的(即沒有偏見的)檢驗。他所採用的方法,是社會哲學家、社會心理學家和社會觀察家的方法,不但他那個時代十分流行,我們這個時代也遠沒有消失:把歷史上的奇聞逸事用作思想資源,誤以為這種資源多少能夠證明由此得出的解釋的真實性的方法。他的方法固然有缺陷,但是正如我們所見,他的某些觀點卻是正確的。它仍然有些粗糙,有待後來的社會科學家再付出大量平凡無奇的艱苦工作,他們不想從一個觀念高峰跳向另一個觀念高峰,他們在認為自己已準備好攀登之前,先要長途跋涉於方法論研究的峽谷之中。

　　思想的傳播,如果作者沒有提供一個良好的基礎,使人可以對正確成分和胡言亂言進行鑒別,便很易於變成勒

龐的思想。區分錯誤思想和創造性思想的標準，在社會思想的領域和其他領域一樣，當然就是看那些能夠站住腳的、大體（但不肯定）正確的思想佔了多大比例。就此而言勒龐似乎取得了相當高的打擊率，這也可以解釋此書為何有持久的影響。有時，正像佛洛伊德所暗示的那樣，他的打擊不着邊際，而他卻自以為贏了比賽。不過在社會哲學家的競賽中，他的確不時得分，並能在關鍵時刻來上一個全壘打。

把勒龐同時說成是一項知識競技中的英雄和一位社會學先知，也許會鑄成新的錯誤：混亂的形象化比喻和迷戀時代錯置的行為（棒球畢竟不是勒龐那個世界的一部分）。不過這個混亂的形象是可以捍衛的。勒龐接觸到一系列棘手的問題，對於其中的每個問題他都想一試身手，最後他做出了一系列社會學斷言，使他的後繼者能夠在這些難題上做得比勒龐本人更好。此外，在勒龐的後繼者中間，一些研究人類羣體行為的人，也曾獨立採用過這個有關體育和科學的不雅的比喻。社會學家拉扎斯菲爾德和社會哲學家奧爾特加・加塞特都曾分別這樣做過，對於對手類似的犯規表現，他們都是完全無辜的。拉扎斯菲爾德在《社會研究的語言》（*Language of Social Research*）一書中認為，奧林匹克運動上競賽記錄的不斷提高，其原因並不是人類競技能力發生了達爾文主義或拉馬克主義意義上的進化，而是因為對這種能力的訓練在過去不斷地有所改進。因此，每一代人都可以看到一些人的表現有了改進，但他們的能力並不比自己的前輩更好。在《羣眾的反叛》(*The Revolt of Masses*)——一本通過學習勒龐而改進了勒龐的書——中，奧爾特加對體育記錄的不斷提高提出了同樣的看法，並且指出科學中也有類似的情況發生。在人類文化的所有領域，大概除了藝術和道德之外，現實很符合這種一度過時的"進步"觀，按其嚴格的定義，它是指不斷積累的知識以及有益的思想與行為能力的提高。因此可以說，勒龐《烏合之眾》中的觀點，一直被另一些頭腦所改進，他們的能力未必高於勒龐，有時甚至還不如他，而是得益於後來者的地位。

在有些讀者看來，勒龐的思想頗有先見之明。當他如先知般寫道"我們就要進入的時代，千真萬確將是一個羣體的時代"時，他所謂羣眾進入了歷史，是指他們過去幾乎不起任何作用的意見已開始發揮作用，後來一些意識形態來源各不相同的作家，如柯拉蒂尼、奧爾特加·加塞特、紐曼、弗洛姆和阿倫特，都曾對這一觀點做出更深入的闡述。

勒龐另一項頗有道理的預見是，他把羣眾人描述為日益被大眾文化所湮沒，這種文化把平庸低俗當作最有價值的東西。在他的筆下，與過去的社會相比，（勒龐認為）

羣眾人更易於接受自己周圍的人的判斷和愛好，他這一觀點不可能不讓人想到今天人們對所謂當代人失去自我判斷能力的關切。

社會學家派克和伯吉斯承認，勒龐預見到了我們這個羣眾運動的時代，並且描述了這些運動的若干特點，其方法已被這方面的社會學研究所繼承並做了重要的發展。

勒龐有先見之明的最後一個例子是，他認識到羣體的日益重要性，這是一羣缺乏組織的人，他們關注着同樣的社會熱點，在一定程度上表現出與同處一地、有組織的羣體一樣的心理行為。勒龐當然不能預見到廣播電視這類影響巨大的新大眾媒體（他畢竟不是真正的先知）。不過他確實注意到了編報紙的人對羣眾意見的影響，他們先是迎合羣眾的感情，然後把這些感情引入特定的行為管道。

用恰當的行話說，所有這些“見識”都表明，一種觀點，如果它指出了人類社會行為中一再出現的某些方面，那麼即使它十分粗糙，也能夠把握未來事件的某些方面。這並非因為像一些人認為的那樣，勒龐是個先知。先知是指那些自稱能夠預測具體事件的人，即使做不到萬無一失，也能預見到許多細節。如果他是個出色的先知，他能夠說這些事件會在何時何地發生。他能夠對其細節做準確的描述。相反，研究社會、分析其運行要素的人，社會學的研究者，不適合承擔這項艱巨的任務。他不是先知，雖然他經常被人錯誤地當做先知，或讓人得出一種判斷，以為他本人自稱先知。他的任務僅僅是——這已相當困難——盡自己的最大努力找出某些條件，在這些條件下，我們可以合理地期待會出現某些社會行為和社會變化。當他遇到身邊的一個具體問題時，他只會謹慎地偶爾預測一下未來事件中有限的某些特定方面。社會科學家只偶爾做出預測，不僅是因為他比社會先知更沒有把握（後者的一大優勢是，他有着接觸未來歷史的私人管道，這種知識很少有人具備，或根本就沒有人具備）。不但已成為常規的謹慎態度和不確定性，使社會科學家只偶爾做出預測，例如關於人口大量增加所造成的後果的預測，而且因為，當他有時打算說明在特定條件下可以合理地期待發生甚麼時，他往往並不能說明這些預測性結果不可缺少的條件會在甚麼時候出現或能否出現。

社會科學家所做的預測，同與他貌合神離的先知相比，在另一個方面也有所不同。他希望從自己的失敗中學習。假如社會科學家有理由認為應當發生的預期後果沒有出現，如果研究表明，假定的條件事實上已經出現但沒有發生預期的結果，他會坐下來重新評價自己的證據，徹底反省自己的思想，就像有人對他發出指示一樣。先知對自己落空的預言會更加關愛，他不會丟棄這種預言，也不會重新整理自己關於事物如何發展的認識。相反，他習慣於輕描淡寫地對待預測的結果與實際結果的不一致，使預言避開對立的證據，得以原封不動地繼續存在下去。成功的先知能夠很有效地做到這一點，正如古人所言，他用嫻熟的辯解"保住面子"，使他的信徒從看來已經落空的每一次預言中，往往只能很快看到自己的先知更為深刻的力量。

對社會先知和社會科學家的這些簡單比較，並不像看上去那樣離題。我的意思是，當今天重讀勒龐的《烏合之眾》時，我們中間的一些人會禁不住把他在 1895 年所說的話視為對後來發生的事情的預言。這不僅僅是個錯誤，而且顯然也對勒龐有害。這等於派給了勒龐一個先知的角色，一個他偶爾有所嚮往，但因為不適合自己而放棄了的角色。根據他的表現，也根據上個世紀末的流行時尚，他是想成為一名社會科學家。當然，與較年輕的法國同代人——例如迪爾凱姆，他開啟了社會學思想和社會研究的新紀元——不同，勒龐從來沒有學會如何以按部就班地收集和分析社會學資料，以及用資料來否定自己的觀點——如果它們是錯誤的話——真實性的方法。社會學研究這個階段的到來仍然有待時日（當然，即使現在也只是處在初級階段）。勒龐有社會學家的目標，但他並沒有學會知識苦行僧一樣的工作方式，而這是使他的研究在方法與推理上都具有說服力所必需的。他有社會學家的意圖，卻只有政論家的成果。但是，由於他對社會學有着脊髓中的本能，因此如我們所知，他説了許多很值得一説的話。

勒龐也説了不少不值得一説的話。我們看到，這本書內容並不平衡，觀察的品質不平衡，根據觀察做出的推論也不平衡。它充斥着各種觀點，有些正確而富有成果，有些正確但並未結出果實，還有一些肯定不正確，但是有助於啟發正確的觀點，不幸的是，也有一些既不正確也無成果。我們只能説，勒龐與我們中間的大多數人一樣，沒有能力對他所提出的各種觀點的價值做出區分。它們全是他的頭腦的產物，因此他顯然對它們一概厚愛有加。不管是好的還是壞的，能結出果實的還是寸草不生的，所有這些觀點都受到了其長輩同樣的呵護。實際上，他的行為給我們的感覺，就像寓言中那個樂善好施的兒子。不管他喜歡哪個兒孫，他都會把他帶到這本書裏來。他喜歡一些極有害的觀點，我們如今已經知道它們根本上錯誤的，而且根據勒龐本人的價值觀，也是很危險的。（我們很快就會看到這方面的一個例子。）不過即使在這種情況下，他的良好感覺最終還是佔了上風。

也許因為勒龐寫的是一本有關羣眾的社會心理學著作，而不是他們的一部編年史，因此他的書裏包含着許多與我們這個時代格格不入的內容。

　　勒龐把各種意識形態形象和信念稀奇古怪地攪合在一起，這方面的證據在這本小書裏隨處可見。他是個憂心忡忡的保守派，對有社會主義傾向的無產階級的不斷壯大深感憂慮。但是，一再出現的政治保守主義跡象、對社會主義每個方面的一貫敵視、一種獨特的種族主義幻覺，以及把婦女描述成軟弱而沉默、不善推理也不可理喻的人，她們好衝動，因此極不穩定，反覆無常，缺乏道德，和男人相比完全等而下之，但這不一定是件壞事——所有這些觀點只是該書的外表，即使把這些意識形態垃圾全都清除掉，對勒龐有關羣眾行為的基本認識也不會造成任何傷害，儘管它們尚不完善。

　　我們只來考慮一個這樣的意識形態觀點，勒龐和當時的許多人都持有這種觀點，即他所説的"基本的種族觀念"是"決定着我們命運的神秘主因"（見卷 3 第 4 章）。但是，這種觀點如其所示，不過是上世紀中葉戈賓諾所創立的那種種族主義，它是經久不衰的種族中心主義的基礎，為剝奪"劣等種族"提供了理由。在勒龐看來，"種族"是個不易理解的概念，它大體上相當於"民族性格的構成"。例如，當勒龐提到"西班牙種族的遺傳本能"時，或當他偶爾談到所有地方的羣體都有"女人氣"，但他發現"拉丁民族女人氣最重"時，我們便可以理解這一點。"種族"是個定義不嚴格的標籤，可以把它貼在各國人民和民族身上，它反映着勒龐對人類學的無知，並不說明他有種族中心主義的壞心腸。

　　一本廣為流行的書；對勒龐的時代和我們的時代一再表現出實際意義；絕對談不上完全創新，嚴格地說也不正確；與作者的任何求知行為相比，表現最佳時也只能算較好，最差時也不算很糟；字裏行間與字面上有着同樣多的意義；眼光時而偏於一隅時而放眼全球；既有預見又觀念落後；在實踐中有效地利用着歷史，又從原則上否認它的真實性和有效性；從當時表現出人類行為共同特點的重要的事件中概括出了一些這樣的特點；還有一些並不影響其本質的烏七八糟的意識形態怪論──這就是勒龐的《烏合之眾》，一本仍然值得一讀的書。

　　　　　　　　　1960 年 1 月於哥倫比亞大學

作者前言

以下研究是要對羣體的特徵做一説明。

遺傳賦予每個種族中的每一個人以某些共同特徵，這些特徵加在一起，便構成了這個種族的氣質。不過，當這些個體中的一部分人為了行動的目的而聚集成一個羣體時，僅僅從他們聚在一起這個事實，我們就可以觀察到，除了原有的種族特徵之外，他們還表現出一些新的心理特徵，這些特徵有時與種族特徵頗為不同。

在各民族的生活中，有組織的羣體歷來起着重要的作用，然而這種作用從來沒有像現在這樣重要。羣體的無意識行為代替了個人的有意識行為，是目前這個時代的主要特徵之一。

對於羣體所引起的困難問題，我以純科學的方式進行了考察。這就是説，我的努力只有方法上的考慮，不受各種意見、理論和教條的影響。我相信，這是發現真理的唯一辦法，當這裏所討論的是個聚訟紛紜的話題時，情況尤其如此。致力於澄清一種現象的科學家，他對於自己的澄清會傷害到甚麼人的利益，是不會有所考慮的。傑出的思想家阿爾維耶拉先生在最近一本著作中説，不屬於任何當代學派的他，不時發現自己和所有這些派別的各種結論相左。我希望這部新著也堪當此論。屬於某個學派，必然會相信它的偏見和先入為主的意見。

不過我還是要向讀者解釋一下，為甚麼他會發現我從自己的研究中得出一些他乍看之下難以接受的結論。例如，為甚麼我在指出包括傑出人士的團體在內的羣體精神的極端低劣之後，仍然要斷定，儘管有這種低劣性，干涉他們的組織仍然是危險的呢？

其原因是，對歷史事實最細緻的觀察，無一例外地向我證實，社會組織就像一切生命有機體一樣複雜，我們還不具備強迫它們在突然之間發生深刻變革的智力。大自然有時採取一些激烈的手段，卻從來不是以我們的方式，這說明對一個民族有致命危險的，莫過於它熱衷於重大的變革，無論這些變革從理論上說多麼出色。如果它能夠使民族氣質即刻出現變化，才能說它是有用的。然而只有時間具備這樣的力量。人們受各種思想、感情和習慣所左右——這是我們的本性使然。各種制度和法律是我們性格的外在表現，反映着它的需要。作為其產物的各種制度和法律，是不能改變這種性格的。

研究社會現象，與研究產生這些現象的民族是分不開的。從哲學觀點看，這些現象可能有絕對價值，實際上它們只有相對價值。

因此，在研究一種社會現象時，必須分清先後，從兩個不同的方面對它加以考慮。這樣就會看到，純粹理性的教誨經常同實踐理性的教誨相反。這種劃分幾乎適用於任何材料，甚至自然科學的材料也不例外。從絕對真理的觀點看，一個立方體或一個圓，都是由一定的公式做了嚴格定義的不變的幾何形狀。但是從印象的角度看，這些幾何圖形在我們眼裏卻會表現出十分不同的形狀。從透視的角度看，立方體可以變成椎形的或方形的，圓可以變成橢圓或直線。但是，考慮這些虛幻的形狀，遠比考慮它們的真正形狀更重要，因為它們，也只有它們，是我們所看到並能夠用照相或繪畫加以再現的形狀。有時不真實的東西比真實的東西包含着更多的真理。按照事物準確的幾何形狀來呈現它們，有可能是在歪曲自然，使它變得不可辨認。我們不妨設想一下，如果世界上的居民只能複製或反拍物體，但無法接觸它們，他們是很難對物體形態形成正確看法的。進一步說，如果有關這種形態的知識只有少數有學問的人才能掌握，它也就沒有多少意義了。

研究社會現象的哲學家應當時刻牢記，這些現象除了有理論價值外，還有實踐價值，只有這後一種價值與文明的進化有關，只有它才是重要的。認識到這個事實，在考慮最初邏輯迫使他接受的結論時，他就會採取非常謹慎的態度。

還有一個原因使他採取類似的保留態度。社會事實如此複雜，根本不可能全盤掌握或預見到它們的相互影響帶來的後果。此外，在可見的事實背後，有時似乎還隱蔽着成百上千種看不見的原因。可見的社會現象可能是某種巨大的無意識機制的結果，而這一機制通常超出了我們的分析範圍。能夠感覺到的現象可以比喻為波浪，它不過是海洋深處我們一無所知的湍流的表相。就羣體的大多數行為而言，它在精神上表現出一種獨特的低劣性，在另一些行為中，它好像又受着某種神秘力量的左右，古人稱它為命運、自然或天意，我們稱之為亡靈的聲音。我們雖然不瞭解它的本質，卻不能忽視它的威力。在民族的內心深處，有時彷彿有一種持久的力量在支配着他們。例如，還有甚麼東西能比語言更複雜、更有邏輯、更神奇呢？但是，這個組織程度令人讚歎的產物，如果不是來自羣體無意識的稟賦，還能來自甚麼地方？最博學的學者，最有威望的語法學家，所能做到的也不過是指出支配着語言的那些規律，他們絕不可能創造這種規律。甚至偉人的思想，我們敢於斷言那完全是他們頭腦的產物嗎？毫無疑問，這些思想是由獨立的頭腦創造出來的，然而，難道不是羣體的稟賦提供了千百萬顆沙粒，形成了它們生長的土壤嗎？

　　羣體無疑總是無意識的，但也許就在這種無意識中間，隱藏着它力量強大的秘密。在自然界，完全受本能支配的生物做出的一些動作，其神奇的複雜性令我們驚歎。理性不過是較為晚近的人類才具有的屬性，而且尚未完美到能夠向我們揭示無意識的規律，它要想站穩腳跟，仍然有待來日。無意識在我們的所有行為中作用巨大，而理性的作用無幾。無意識作為一種仍然不為人知的力量起着作用。

　　如果我們打算呆在狹小而安全的界限之內，利用科學來獲取知識，不想步入模糊的猜測與無用的假設的領地，則我們必須要做的事情僅僅是，留心這些我們能夠接觸到的現象，把我們自己限制在對它做些思考。從這些思考中得出的每個結論肯定都是不成熟的，因為在這些我們能夠明確觀察到的現象背後，另有一些我們只能隱約看到的現象，而在它背後，還有一些我們一無所知的現象。

導言：羣體的時代

　　發生在文明變革之前的大動盪，如羅馬帝國的衰亡和阿拉伯帝國的建立，乍看上去，似乎是由政治變化、外敵入侵或王朝的傾覆決定的。但是對這些事件做些更為細緻的研究，就會發現在它們的表面原因背後，可以普遍看到人民的思想所發生的深刻變化。真正的歷史大動盪，並不是那些以其宏大而暴烈的場面讓我們吃驚的事情。造成文明洗心革面的唯一重要的變化，是影響到思想、觀念和信仰的變化。令人難忘的歷史事件，不過是人類思想不露痕跡的變化所造成的可見後果而已。這種重大事件所以如此罕見，是因為人類這個物種最穩定的因素，莫過於他世代相傳的思維結構。

　　目前的時代便是這種人類思想正經歷轉型過程的關鍵時期之一。

　　構成這一轉型基礎的是兩個基本因素。首先是宗教、政治和社會信仰的毀滅，而我們文明的所有要素，都是根植於這些信仰之中。其次是現代科學和工業的各種發現，創造了一種全新的生存和思想條件。

　　以往的觀念雖已殘破不全，卻依然有着十分強大的力量，取而代之的觀念仍處於形成的過程之中，現時代呈現為羣龍無首的過渡狀態。

　　這個必然有些混亂的時代最終會演變成甚麼樣子，現在還難下斷語。在我們這個社會之後，為社會建立基礎的會是一些甚麼觀念？目前我們仍不得而知。但已經十分清楚的是，不管未來的社會是根據甚麼路線加以組織，它都必須考慮到一股新的力量、一股最終仍會存在下來的現代至高無上的力量，即羣體的力量。在以往視為當然、如今已經衰落或正在衰落的眾多觀念的廢墟之上，在成功的革命所摧毀的許多權威資源的廢墟之上，這股代之而起的唯一力量，看來不久注定會同其他力量結合在一起。當我們悠久的信仰崩塌消亡之時，當古老的社會柱石一根又一根傾倒之時，羣體的勢力便成為唯一無可匹敵的力量，而且它的聲勢還會不斷壯大。我們就要進入的時代，千真萬確將是一個羣體的時代。

　　就在一個世紀之前，歐洲各國的傳統政策和君主之間的對抗，是引起各種事變的主要因素。民眾的意見通常起不了多少作用，或不起任何作用。如今，卻是通常得到政治承認的各種傳統、統治者的個人傾向及其相互對抗不再起作用了。相反，羣眾的聲音已經取得了優勢。正是這個聲音向君主們表明羣眾的舉動，使他們的言行必須注意那聲音的內容。目前，鑄就各民族命運的地方，是在羣眾的心中，而再也不是在君王們的國務會議上。

　　民眾的各個階層進入政治生活，現實地說，就是他們日益成為一個統治階層，這是我們這個過渡時期最引人注目的特點。普選權的實行在很長一段時間裏沒有多大影響，因此它不像人們可能認為的那樣，是這種政治權力轉移過程的明確特徵。羣眾勢力開始不斷壯大，首先是因為某些觀念的傳播，使它們慢慢地在人們的頭腦中扎根，然後是個人逐漸結為社團，致力於一些理論觀念的實現。正是通過結社，羣體掌握了一些同他們的利益相關的觀念——即便這些利益並不特別正當，卻有着十分明確的界線——並終於意識到了自己的力量。羣眾現在成立了各種聯合會，使一個又一個政權在它面前俯首稱臣。他們還成立了工會，不顧一切經濟規律，試圖支配勞動和工資。他們來到了支配着政府的議會，議員們為極缺乏主動性和獨立性，幾乎總是墮落成不過是那些選出他們的委員會的傳聲筒。

今天，羣眾的要求正在變得越來越明確，簡直像是非要把目前存在的整個社會徹底摧毀不可，而所持的觀點與原始共產主義息息相關，但這種共產主義只有在文明露出曙光之前，才是所有人類的正常狀態。限制工作時間，把礦場、鐵路、工廠和土地國有化，平等分配全部產品，為了廣大羣眾的利益消滅上層階級等等——這就是這些要求的內容。

羣體不善推理，卻急於採取行動。它們目前的組織賦予了它們巨大的力量。我們目睹其誕生的那些教條，很快也會具有舊式教條的威力，也就是說，不容討論的專橫武斷的力量。羣眾的神權就要取代國王的神權了。

那些與我們的中產階級情投意合的作家，最好地反映着這些階級較為偏狹的思想、一成不變的觀點、膚淺的懷疑主義以及表現得有些過分的自私。他們因為看到這種新勢力不斷壯大而深感驚恐。為了反抗人們混亂的頭腦，他們向過去被他們嗤之以鼻的教會道德勢力，發出了絕望的呼籲。他們給我們談論科學的破產，心懷懺悔轉向羅馬教廷，提醒我們啟示性真理的教誨。這些新的皈依者忘了，現在為時已晚。就算他們真被神寵所打動，此類措施也不會對那些頭腦產生同樣的影響了，因為他們已不大關心這些最近的宗教皈依者全神貫注的事情。今天的羣眾拋棄了他們的勸説者昨天已經拋棄並予以毀滅的諸神。沒有任何力量，無論是神界的還是人間的，能夠迫使河水流回它的源頭。

科學並沒有破產，科學從來沒有陷進目前這種精神上的無政府狀態，從這種狀態中產生的新勢力也並非它所造成。科學為我們許諾的是真理，或至少是我們的智力能夠把握的一些有關各種關係的知識，它從來沒有為我們許諾過和平或幸福。它對我們的感情無動於衷，對我們的哀怨不聞不問。我們只能設法和科學生活在一起，因為沒有任何力量能夠恢復被它摧毀的幻覺。

在所有國家普遍都能看到的各種信號，向我們證明着羣體勢力的迅速壯大，它不理睬我們以為它過不了多久注定停止增長這種一廂情願的想法。無論我們的命運如何，我們必須接受這種勢力。一切反對它的說理，都是徒勞無益的紙上談兵。羣眾勢力的出現很可能標誌着西方文明的最後一個階段，它可能倒退到那些混亂的無政府時期，而這是每一個新社會誕生的必然前奏。那麼，能夠阻止這種結果嗎？

迄今為止，徹底摧毀一個破敗的文明，一直就是羣眾最明確的任務。這當然不是只有今天才能找到的跡象。歷史告訴我們，當文明賴以建立的道德因素失去威力時，它的最終解體總是由無意識的野蠻羣體完成的，他們被不無道理地稱為野蠻人。創造和領導着文明的，歷來就是少數知識貴族而不是羣體。羣體只有強大的破壞力。他們的統治永遠無異於一個野蠻階段。有着複雜的典章制度、從本能狀態進入能夠未雨綢繆的理性狀態的文明，屬於文化的高級階段。羣體無一例外地證明，僅靠他們自己，所有這些事情是不可能實現的。由於羣體的力量有着純粹的破壞性，因而他們的作用就像是加速垂危者或死屍解體的細菌。當文明的結構搖搖欲墜時，使它傾覆的總是羣眾。只有在這個時刻，他們的主要使命才是清晰可辨的，此時，人多勢眾的原則似乎成了唯一的歷史法則。

　　我們的文明也蘊含着同樣的命運嗎？這種擔心並非沒有根據，但是我們現在還未處在一個能夠做出肯定回答的位置上。

　　不管情況如何，我們注定要屈從於羣體的勢力，這是因為，羣體的眼光短淺，使得有可能讓它守規矩的所有障礙已經被一一清除。

　　對於這些正在成為熱門話題的羣體，我們所知甚少。專業心理學研究者的生活與它們相距甚遠，對它們視而不見，因此當他們後來把注意力轉向這個方向時，便認為能夠進行研究的只有犯罪羣體。犯罪羣體無疑是存在的，但我們也會遇到英勇忘我的羣體，以及其他各種類型的羣體。羣體犯罪只是他們一種特殊的心理表現。不能僅僅通過研究羣體犯罪來瞭解他們的精神構成，這就像不能用描述個人犯罪來瞭解個人一樣。

　　然而，從事實的角度看，世上的一切偉人，一切宗教和帝國的建立者，一切信仰的使徒和傑出政治家，甚至再說得平庸一點，一夥人裏的小頭目，都是不自覺的心理學家，他們對於羣體性格有着出自本能但往往十分可靠的瞭解。正是因為對這種性格有正確的瞭解，他們能夠輕而易舉地確立自己的領導地位。拿破崙對他所治理的國家的羣眾心理有着非凡的洞察力，但有時他對屬於另一些種族的羣體心理，卻完全缺乏瞭解。[1] 正是出於這種無知，他征討西班牙尤其是俄羅斯，陷入了使自己的力量遭受致命打擊的衝突，這注定會使他在短短的時間內歸於毀滅。今天，對於那些不想再統治羣體（這正在變成一件十分困難的事情），只求不過分受羣體支配的政治家，羣體心理學的知識已經成了他們最後的資源。

只有對羣體心理有一定的認識，才能理解法律和制度對他們的作用是多麼微不足道，才能理解除了別人強加於他們的意見，他們是多麼沒有能力堅持己見。要想領導他們，不能根據建立在純粹平等學說上的原則，而是要去尋找那些能讓他們動心的事情、能夠誘惑他們的東西。譬如說，一個打算實行新稅制的立法者，應當選擇理論上最公正的方式嗎？他才不會這樣做呢。實際上，在羣眾眼裏，也許最不公正的才是最好的。只有既不十分清楚易懂又顯得負擔最小的辦法，才最易於被人們所容忍。因此，間接稅不管多高，總是會被羣體所接受，因為每天為日常消費品支付一點稅金，不會干擾羣體的習慣，從而可以在不知不覺中進行。用工資或其他一切收入的比例稅制代

1　他最聰明的顧問也不很瞭解這種心理。塔列朗（Talleyrand（1754-1838），法國著名政治家和外交家，拿破崙時代曾任宮廷侍衛長和外交大臣等職。）給他寫信說，"西班牙人會把他的士兵作為解放者接待"。其實他們是被當作野獸來接待的。熟悉西班牙人遺傳本能的心理學家很容易預見到這種結果。

替這種辦法，即一次性付出一大筆錢，就算這種新稅制在理論上比別的辦法帶來的負擔小十倍，仍會引起無數的抗議。造成這種情況的事實是，一筆數目較多因而顯得數量很大從而刺激了人們想像力的錢，已經被感覺不到的零星稅金代替了。新稅看起來不重，因為它是一點一點支付的。這種經濟手段涉及到眼光長遠的計算，而這是羣眾力不能及的。

這是一個最簡單的例子。人們很容易理解它的適用性。它也沒有逃過拿破崙這位心理學家的眼睛。但是我們現代的立法者對羣體的特點懵然不知，因而沒有能力理解這一點。經驗至今沒有使他們充分認識到，人們從來不是按純粹理性的教導採取行動的。

羣體心理學還有許多其他實際用途。掌握了這門科學，就會對大量的歷史和經濟現象做出最為真切的說明，而離了這門學問，它們就會變得完全不可思議。我將有機會證明，最傑出的現代史學家泰納[2]，對法國大革命中的事件也理解得非常不全面，這是因為他從來沒有想過應當研究一下羣體的稟性。在研究這個極為複雜的時代時，他把自然科學家採用的描述方法作為自己的指南，而自然科學

2　泰納（Hippolyte Taine, 1828-1893）：19世紀法國最傑出思想家之一，普法戰爭後對法國的社會和政治制度做過深刻反省，主要著作有《論知識》、《藝術哲學》、《當代法國的起源》、《舊制度》等。

家所研究的現象中幾乎不存在道德因素。然而，構成了歷史的真正主脈的，正是這些因素。

　　因此，只從實踐的角度看，羣體心理學就很值得研究。即使完全是出於好奇，也值得對它加以關注。破譯人們的行為動機，就像確定某種礦物或植物的屬性一樣有趣。我們對羣體稟性的研究只能算是一種概括，是對我們的研究的一個簡單總結。除了一點建議性的觀點外，對它不必有太多的奢望。別人會為它打下更完備的基礎。今天，我們不過是剛剛觸及到一片幾未開墾的處女地的表層而已。

第一卷　羣體心理

第一章 羣體的一般特徵

　　從平常的含義上説，"羣體"一詞是指聚集在一起的個人，無論他們屬於甚麼民族、職業或性別，也不管是甚麼事情讓他們走到了一起。但是從心理學的角度看，"羣體"一詞卻有着一種十分不同的重要含義。在某些既定的條件下，並且只有在這些條件下，一羣人會表現出一些新的特點，它非常不同於組成這一羣體的個人所具有的特點。聚集成羣的人，他們的感情和思想全都採取同一個方向，他們自覺的個性消失了，形成了一種集體心理。它無疑是暫時的，然而它確實表現出了一些非常明確的特點。這些聚集成羣的人進入了一種狀態，因為沒有更好的説法，我姑且把它稱為一個組織化的羣體，或換個也許更為可取的説法，一個心理羣體。它形成了一種獨特的存在，受羣體精神統一定律的支配。

　　不言自明，一些人偶然發現他們彼此站在一起，僅僅這個事實，並不能使他們獲得一個組織化羣體的特點。一千個偶然聚集在公共場所的人，沒有任何明確的目標，從心理學意義上説，根本不能算是一個羣體。要想具備這種羣體特徵，得有某些前提條件起作用，我們必須對它們的性質加以確定。

　　自覺的個性的消失，以及感情和思想轉向一個不同的方向，是就要變成組織化羣體的人所表現出的首要特徵，但這不一定總是需要一些個人同時出現在一個地點。有時，在某種狂暴的感情——譬如因為國家大事——的影響下，成千上萬孤立的個人也會獲得一個心理羣體的特徵。在這種情況下，一個偶然事件就足以使他們聞風而動聚集在一起，從而立刻獲得羣體行為特有的屬性。有時，五六個人就能構成一個心理羣體，而數千人偶然聚在一起卻不會發生這種現象。另一方面，雖然不可能看到整個民族聚在一起，但在某些影響的作用下，它也會變成一個羣體。

　　心理羣體一旦形成，它就會獲得一些暫時的、然而又十分明確的普遍特徵。除了這些普遍特徵以外，它還會有另一些附帶的特徵，其具體表現因組成羣體的人而各有不同，並且它的精神結構也會發生改變。因此，對心理羣體不難進行分類。當我們深入研究這個問題時就會看到，一個異質的羣體（即由不同成分組成的羣體）會表現出一些與同質羣體（即由大體相同的成分，如宗派、等級或階層組成的羣體）相同的特徵，除了這些共同特徵外，它們還具有一些自身的特點，從而使這兩類羣體有所區別。

　　不過在深入研究不同類型的羣體之前，我們必須先考察一下它們的共同特點。我們將像博物學家一樣從事這項工作，他們總是先來描述一個科的全體成員的共同特點，然後再着手研究那些把該科所包含的屬、種區別開來的具體特點。

對羣體心理不易做出精確的描述，因為它的組織不僅有種族和構成方式上的不同，而且還因為支配羣體的刺激因素的性質和強度而有所不同。不過，個體心理學的研究也會遇到同樣的困難。一個人終其一生性格保持不變的事情，只有在小説裏才能看到。只有環境的單一性，才能造成明顯的性格單一性。我曾在其他著作中指出，一切精神結構都包含着各種性格的可能性，環境的突變就會使這種可能性表現出來。這解釋了法國國民公會中最野蠻的成員為何原來都是些謙和的公民。在正常環境下，他們會是一些平和的公證人或善良的官員。風暴過後，他們又恢復了平常的性格，成為安靜而守法的公民。拿破崙在他們中間為自己找到了最恭順的臣民。

這裏不可能對羣體強弱不同的組織程度做全面的研究，因此我們只專注於那些已經達到完全組織化階段的羣體。這樣我們就會看到羣體可以變成甚麼樣子，而不是它們一成不變的樣子。只有在這個發達的組織化階段，種族不變的主要特徵才會被賦予某些新特點。這時，集體的全部感情和思想中所顯示出來的變化，就會表現出一個明確的方向。只有在這種情況下，我前面所説的羣體精神統一性的心理學規律才開始發生作用。

　　在羣體的心理特徵中，有一些可能與孤立的個人沒有甚麼不同，而有一些則完全為羣體所特有，因此只能在羣體中看到。我們所研究的首先就是這些特徵，以便揭示它們的重要性。

　　一個心理羣體表現出來的最驚人的特點如下：構成這個羣體的個人不管是誰，他們的生活方式、職業、性格或智力不管相同還是不同，他們變成了一個羣體這個事實，便使他們獲得了一種集體心理，這使他們的感情、思想和行為變得與他們單獨一人時的感情、思想和行為頗為不同。若不是形成了一個羣體，有些念頭或感情在個人身上根本就不會產生，或不可能變成行動。心理羣體是一個由異質成分組成的暫時現象，當他們結合在一起時，就像因為結合成一種新的存在而構成一個生命體的細胞一樣，會表現出一些特點，它們與單細胞所具有的特點大不相同。

　　與人們在機智的哲學家赫伯特・斯賓塞筆下發現的觀點相反，在形成一個羣體的人羣中，並不存在構成因素的總和或它們的平均值。實際表現出來的，是由於出現了新特點而形成的一種組合，就像某些化學元素——如鹼和酸——反應後形成一種新物體一樣，它所具有的特性十分不同於使它得以形成的那些物體。

　　組成一個羣體的個人十分不同於孤立的個人，要想證明這一點並不困難，然而找出這種不同的原因卻不那麼容易。

　　要想多少瞭解一些究竟，首先必須記住現代心理學所確認的真理，即無意識現象不但在有機體的生活中，而且在智力活動中，都發揮着一種完全壓倒性的作用。與精神生活中的無意識因素相比，有意識因素只起着很小的作用。最細心的分析家和最敏銳的觀察家，充其量也只能找出一點支配他的行為的無意識動機。我們有意識的行為，是主要受遺傳影響而造成的無意識的深層心理結構的產物。這個深層結構中包含着世代相傳的無數共同特徵，它們構成了一個種族先天的稟性。在我們的行為之可予説明的原因背後，毫無疑問隱藏着我們沒有説明的原因，但是在這些原因背後，還有另外許多我們自己一無所知的神秘原因。我們的大多數日常行為，都是我們無法觀察的一些隱蔽動機的結果。

　　無意識構成了種族的先天稟性，尤其在這個方面，屬於該種族的個人之間是十分相似的，使他們彼此之間有所不同的，主要是他們性格中那些有意識的方面——教育的結果，但更多的是因為獨特的遺傳條件。人們在智力上差異最大，但他們卻有着非常相似的本能和情感。在屬於情感領域的每一種事情上——宗教、政治、道德、愛憎等等，最傑出的人士很少能比凡夫俗子高明多少。從智力上説，

一個偉大的數學家和他的鞋匠之間可能有天壤之別，但是
從性格的角度看，他們可能差別甚微或根本沒有差別。

　　這些普遍的性格特徵，受着我們的無意識因素的支
配，一個種族中的大多數普通人在同等程度上具備它們。
我認為，正是這些特徵，變成了羣體中的共同屬性。在集
體心理中，個人的才智被削弱了，從而他們的個性也被削
弱了。異質性被同質性所吞沒，無意識的品質佔了上風。

　　羣體一般只有很普通的品質，這一事實解釋了它為何
不能完成需要很高智力的工作。涉及普遍利益的決定，
是由傑出人士組成的議會做出的，但是各行各業的專家並
不會比一羣蠢人所採納的決定更高明。實際上，他們通常
只能用每個普通個人生來便具有的平庸才智，處理手頭的
工作。羣體中累加在一起的只有愚蠢而不是天生的智慧。
如果"整個世界"指的是羣體，那就根本不像人們常説的
那樣，整個世界要比伏爾泰更聰明，倒不妨説伏爾泰比整
個世界更聰明。

　　如果羣體中的個人只是把他們共同分享的尋常品質
集中在了一起，那麼這只會帶來明顯的平庸，而不會如我
們實際説過的那樣，創造出一些新的特點。這些新特點是
如何形成的呢？這就是我們現在要研究的問題。

　　有些不同的原因，對這些為羣體所獨有、孤立的個人
並不具備的特點起着決定作用。首先，即使僅從數量上考

慮，形成羣體的個人也會感覺到一種勢不可擋的力量，這使他敢於發洩出自本能的慾望，而在獨自一人時，他是必須對這些慾望加以限制的。他很難約束自己不產生這樣的念頭：羣體是個無名氏，因此也不必承擔責任。這樣一來，總是約束着個人的責任感便徹底消失了。

第二個原因是傳染的現象，也對羣體的特點起着決定作用，同時還決定着它所接受的傾向。傳染雖然是一種很容易確定其是否存在的現象，卻不易解釋清楚。必須把它看做一種催眠方法，下面我們就對此做一簡單的研究。在羣體中，每種感情和行動都有傳染性，其程度足以使個人隨時準備為集體利益犧牲他的個人利益。這是一種與他的天性極為對立的傾向，如果不是成為羣體的一員，他很少具備這樣的能力。

決定着羣體特點的第三個原因，也是最重要的原因，同孤立的個人所表現出的特點截然相反。我這裏指的是易於接受暗示的表現，它也正是上面所說的相互傳染所造成的結果。

要想理解這種現象，就必須記住最近的一些心理學發現。今天我們已經知道，通過不同的過程，個人可以被帶入一種完全失去人格意識的狀態，他對使自己失去人格意識的暗示者惟命是從，會做出一些同他的性格和習慣極為矛盾的舉動。最為細緻的觀察似乎已經證實，長時間融入羣體行動的個人，不久就會發現——或是因為在羣體發揮催眠影響的作用下，或是由於一些我們無從知道的原因——自己進入一種特殊狀態，它非常類似於被催眠的人在催眠師的操縱下進入的迷幻狀態。被催眠者的大腦活動被麻木了，他變成了自己脊髓神經中受催眠師隨意支配的一切無意識活動的奴隸。有意識的人格消失得無影無蹤，意志和辨別力也不復存在。一切感情和思想都受着催眠師的左右。

大體上說，心理羣體中的個人也處在這種狀態之中。他不再能夠意識到自己的行為。他就像受到催眠的人一樣，一些能力遭到了破壞，同時另一些能力卻有可能得到極大的強化。在某種暗示的影響下，他會因為難以抗拒的衝動而採取某種行動。羣體中的這種衝動，比被催眠者的衝動更難以抗拒，這是因為暗示對羣體中的所有個人有着同樣的作用，相互影響使其力量大增。在羣體中，具備強大的個性，足以抵制那種暗示的個人寥寥無幾，因此根本無法逆流而動。他們充其量只能因不同的暗示而改弦易轍。例如，正因為如此，有時只消一句悅耳的言辭或一個被及時喚醒的形象，便可以阻止羣體最血腥的暴行。

現在我們知道了，有意識人格的消失，無意識人格的得勢，思想和感情因暗示和相互傳染作用而轉向一個共同的方向，以及立刻把暗示的觀念轉化為行動的傾向，是組成羣體的個人所表現出來的主要特點。他不再是他自己，他變成了一個不再受自己意志支配的玩偶。

進一步說，單單是他變成一個有機羣體的成員這個事實，就能使他在文明的階梯上倒退好幾步。孤立的他可能是個有教養的個人，但在羣體中他卻變成了野蠻人——即一個行為受本能支配的動物。他表現得身不由己，殘暴而狂熱，也表現出原始人的熱情和英雄主義，和原始人更為相似的是，他甘心讓自己被各種言辭和形象所打動，而組成羣體的人在孤立存在時，這些言辭和形象根本不會產生任何影響。他會情不自禁地做出同他最顯而易見的利益和最熟悉的習慣截然相反的舉動。一個羣體中的個人，不過是眾多沙粒中的一顆，可以被風吹到無論甚麼地方。

正是由於這些原因，人們看到陪審團做出了陪審員作為個人不會贊成的判決，議會實施着每個議員個人不可能同意的法律和措施。法國大革命時期，國民公會的委員們，如果分開來看，都是舉止溫和的開明公民。但是當他們結成一個羣體時，卻毫不遲疑地聽命於最野蠻的提議，把完全清白無辜的人送上斷頭台，並且一反自己的利益，放棄他們不可侵犯的權利，在自己中間也濫殺無辜。

羣體中的個人不但在行動上和他本人有着本質的差別。甚至在完全失去獨立性之前，他的思想和感情就已經發生了變化，這種變化是如此深刻，它可以讓一個守財奴變得揮霍無度，把懷疑論者改造成信徒，把老實人變成罪犯，把懦夫變成豪傑。在 1789 年 8 月 4 日那個值得紀念的晚上，法國的貴族一時激情澎湃，毅然投票放棄了自己的特權，他們如果是單獨考慮這事，沒有一個人會表示同意。

從以上討論得出的結論是，羣體在智力上總是低於孤立的個人，但是從感情及其激起的行動這個角度看，羣體可以比個人表現得更好或更差，這全看環境如何。一切取決於羣體所接受的暗示具有甚麼性質。這就是只從犯罪角度研究羣體的作家完全沒有理解的要點。羣體固然經常是犯罪羣體，然而它也常常是英雄主義的羣體。正是羣體，而不是孤立的個人，會不顧一切地赴死犯難，為一種教義或觀念的凱旋提供了保證，會懷着贏得榮譽的熱情赴湯蹈火，會導致——就像十字軍時代那樣，在幾乎全無糧草和裝備的情況下——向異教徒討還基督的墓地，或者像 1793 年那樣捍衛自己的祖國。這種英雄主義毫無疑問有着無意識的成分，然而正是這種英雄主義創造了歷史。如果人民只會以冷酷無情的方式幹大事，世界史上便不會留他們多少記錄了。

第二章　羣體的感情和道德觀

在概括地說明了羣體的主要特點之後，還要對這些特點的細節進行研究。

應當指出，羣體的某些特點，如衝動、急躁、缺乏理性、沒有判斷力和批判精神、誇大感情等等，幾乎總是可以在低級進化形態的生命中看到，例如婦女、野蠻人和兒童。不過這一點我只是順便說說，對它的論證不在本書的範圍之內。再說，這對於熟悉原始人心理的人沒甚麼用處，也很難讓對此事一無所知的人相信。

現在我就按部就班地討論一下可以在大多數羣體中看到的不同特點。

1. 羣體的衝動、易變和急躁

我們在研究羣體的基本特點時曾說，它幾乎完全受着無意識動機的支配。它的行為主要不是受大腦，而是受脊椎神經的影響。在這個方面，羣體與原始人非常相似。就表現而言，他們的行動可以十分完美，然而，這些行為並不受大腦的支配，個人是按照他所受到的刺激因素決定自己的行動。所有刺激因素都對羣體有控制作用，並且它的反應會不停地發生變化。羣體是刺激因素的奴隸。孤立的個人就像羣體中的個人一樣，也會受刺激因素的影響，但是他的大腦會向他表明，受衝動的擺佈是不足取的，因此他會約束自己不受擺佈。這個道理可以用心理學語言表述如下：孤立的個人具有主宰自己的反應行為的能力，羣體則缺乏這種能力。

根據讓羣體產生興奮的原因，它們所服從的各種衝動可以是豪爽的或殘忍的、勇猛的或懦弱的，但是這種衝動總是極為強烈，因此個人利益，甚至保存生命的利益，也難以控制它們。刺激羣體的因素多種多樣，羣體總是屈從於這些刺激，因此羣體也極為多變。這解釋了我們為甚麼會看到，羣體可以轉瞬之間就從最血腥的狂熱變成最極端的寬宏大量和英雄主義。羣體很容易做出劊子手的舉動，同樣也很容易慷慨赴義。正是羣體，為每一種信仰的勝利而不惜血流成河。若想瞭解羣體在這方面能做出甚麼事情，不必回顧英雄主義時代。它們在起義中從不吝惜自己的生命，就在不久以前，一位突然名聲大噪的將軍[1]，可以輕而易舉地找到上萬人，只要他一聲令下，他們就會為他的事業犧牲性命。

因此，羣體根本不會做任何預先策劃。他們可以先後被最矛盾的情感所激發，但是他們又總是受當前刺激因素

1　指布朗熱將軍。

的影響。他們就像被風暴捲起的樹葉，向着每個方向飛舞，然後又落在地上。下面我們研究革命羣體時，會舉出一些他們感情多變的事例。

羣體的這種易變性使它們難以統治，當公共權力落到它們手裏時尤其如此。一旦日常生活中各種必要的事情不再對生活構成看不見的約束，民主便幾乎不可能持續很久了。此外，羣體雖然有着各種狂亂的願望，它們卻不能持久。羣體沒有能力做任何長遠的打算或思考。

羣體不僅衝動而多變。就像野蠻人一樣，它不準備承認，在自己的願望和這種願望的實現之間會出現任何障礙，它沒有能力理解這種中間障礙，因為數量上的強大使它感到自己勢不可擋。對於羣體中的個人來說，不可能的概念消失了。孤立的個人很清楚，在孤身一人時，他不能焚燒宮殿或洗劫商店，即使受到這樣做的誘惑，他也很容易抵制這種誘惑。但是在成為羣體的一員時，他就會意識到人數賦予他的力量，這足以讓他生出殺人劫掠的念頭，並且會立刻屈從於這種誘惑。出乎預料的障礙會被狂暴地摧毀。人類的機體的確能夠產生大量狂熱的激情，因此可以說，願望受阻的羣體所形成的正常狀態，也就是這種激憤狀態。

種族的基本特點是我們產生一切情感的不變來源，它也總是會對羣體的急躁、它們的衝動和多變產生影響，正像它會影響到我們所研究的一切大眾感情一樣。所有的羣體無疑總是急躁而衝動的，但程度卻大不相同。例如拉丁民族的羣體和英國人的羣體就有十分顯著的差別。最近法國歷史中的事件為這一點提供了生動的說明。25年前，僅僅是一份據說某位大使受到侮辱的電報被公之於眾，就足以觸犯眾怒，結果是立刻引起了一場可怕的戰爭[2]。幾年後，關於諒山一次無足輕重的失敗的電文，再次激起人們的怒火，由此導致政府立刻倒台。就在同時，英國在遠征喀土穆時遭受的一次非常嚴重的失敗，卻只在英國引起了輕微的情緒，甚至大臣都未被解職。任何地方的羣體都有些女人氣，拉丁族裔的羣體則女人氣最多，凡是贏得他們信賴的人，命運會立刻為之大變。但是這樣做，無一例外地等於在懸崖邊上散步，不定哪天必會跌入深淵。

2. 羣體的易受暗示和輕信

我們在定義羣體時說過，它的一個普遍特徵是極易受人暗示，我們還指出了在一切人類集體中暗示的傳染性所能達到的程度；這個事實解釋了羣體感情向某個方向的

2　這裏指 1870 年的普法戰爭，其主要原因之一是普魯士宰相俾斯麥公佈了一份挑戰性的 "埃姆斯電報"。

迅速轉變。不管人們認為這一點多麼無足輕重，羣體通常總是處在一種期待注意的狀態中，因此很容易受人暗示。最初的提示，通過相互傳染的過程，會很快進入羣體中所有人的頭腦，羣體感情的一致傾向會立刻變成一個既成事實。

正如所有處在暗示影響下的個人所示，進入大腦的念頭很容易變成行動。無論這種行動是縱火焚燒宮殿還是自我犧牲，羣體都會在所不辭。一切都取決於刺激因素的性質，而不再像孤立的個人那樣，取決於受到暗示的行動與全部理由之間的關係，後者可能與採取這種行動極為對立。

於是，羣體永遠漫遊在無意識的領地，會隨時聽命於一切暗示，表現出對理性的影響無動於衷的生物所特有的激情，它們失去了一切批判能力，除了極端輕信外再無別的可能。在羣體中間，不可能的事不可能存在，要想對那種編造和傳播子虛烏有的神話和故事的能力有所理解，必須牢牢地記住這一點。[3]

一些可以輕易在羣體中流傳的神話所以能夠產生，不僅是因為他們極端輕信。這也是事件在人羣的想像中經

3　經歷過巴黎遭受圍困的人，可以看到羣體輕信的無數事例。頂樓上的一線燭光，立刻就會被人視為向圍攻者發出的信號。但是只要稍加思考就能知道，在數里之外是根本不可能看到燭光的。

過了奇妙曲解之後造成的後果。在羣體眾目睽睽之下發生的最簡單的事情,不久就會變得面目全非。羣體是用形象來思維的,而形象本身又會立刻引起與它毫無邏輯關係的一系列形象。我們只要想一下,有時我們會因為在頭腦中想到的任何事實而產生一連串幻覺,就很容易理解這種狀態。我們的理性告訴我們,它們之間沒有任何關係。但是羣體對這個事實卻視若無睹,把歪曲性的想像力所引起的幻覺和真實事件混為一談。羣體很少對主觀和客觀加以區分。它把頭腦中產生的景象也當作現實,儘管這個景象同觀察到的事實幾乎總是只有微乎其微的關係。

羣體對自己看到的事件進行歪曲的方式,好像既多且雜,各不相同,因為組成羣體的個人有着非常不同的傾向。但是情況並非如此。作為相互傳染的結果,受到的歪曲是一樣的,在羣體的所有個人中間表現出同樣的狀態。

羣體中的某個人對真相的第一次歪曲,是傳染性暗示過程的起點。耶路撒冷牆上的聖喬治出現在所有十字軍官兵面前之前,在場的人中肯定有個人首先感覺到了他的存在。在暗示和相互傳染的推動下,一個人編造的奇跡,立刻就會被所有的人接受。

歷史中經常出現的這種集體幻覺的機制歷來如此。這種幻覺似乎具備一切公認的真實性特點,因為它是被成千上萬人觀察到的現象。

若想反駁以上所言，沒有必要考慮組成羣體的個人的智力品質。這種品質無足輕重。從他們成為羣體一員之日始，博學之士便和無知者一起失去了觀察能力。

這個論點似乎說不太通。如想消除人們的疑慮，必須研究大量的歷史事實，即使寫下好幾本書，也不足以達到這個目的。

但是我不想讓讀者覺得這是些沒有得到證實的主張。因此我要為它舉出幾個實例，它們都是從可以引用的無數事例中隨便挑出來的。

下面是個最典型的實例，因為它來自使羣體成為犧牲品的集體幻覺。這些羣體中的個人，既有最無知的，也有最有學問的。一名海軍上尉朱利安·菲力克斯在他的《海流》一書中偶爾提到了這件事，《科學雜誌》過去也曾加以引用。

護航艦"貝勒·波拉"號在外海游弋，想尋找到在一場風暴中與它失散的巡洋艦"波索"號。當時正值陽光燦爛的大白天。值勤兵突然發出了有一艘遇難船隻的信號。船員們順着信號指出的方向望去，所有官兵都清楚地看到一隻載滿了人的木筏被發出遇難信號的船拖着。然而這不過是一種集體幻覺。德斯弗斯上將放下一條船去營救遇難士兵。在接近目標時，船上的官兵看到"有一大羣活着的人，他們伸着手，能夠聽到許多混亂的聲音在哀號"。但是在到達目標時，船上的人卻發現自己不過是找到了幾根長滿樹葉的樹枝，它們是從附近海岸漂過來的。在一目了然的事實面前幻覺才消失了。

在這個事例中，可以清楚地看到我們已經解釋過的集體幻覺的作用機制。一方面，我們看到一個在期待中觀望的羣體，另一方面是值勤者發出海上有遇難船隻的信號這樣一個暗示。在相互傳染的過程中，這一暗示被當時的全體官兵所接受。

使眼前發生的事情遭到歪曲，真相被與它無關的幻覺所取代——羣體中出現這種情況，不一定需要人數眾多。只要幾個人聚集在一起就能形成一個羣體，就算他們全是博學之士，在他們的專長之外同樣會表現出羣體的所有特點。他們每個人所具有的觀察力和批判精神馬上就會消失。一位敏銳的心理學家達維先生為我們提供了一個同這裏的問題有關的非常奇妙的例子，最近的《心理學年鑒》提到了這件事。達維先生把一羣傑出的觀察家召集在一起，其中包括英國最著名的科學家之一華萊士先生。在讓他們審查了物體並根據自己的意願做上標記之後，他當着他們的面演示格式化的精神現象：顯靈，並在石板上寫字等等。從這些傑出觀察家得到的報告全都同意，他們觀察到的現象只能用超自然的手段獲得。他向他們表示，這不過是簡單的騙術造成的結果。

"達維先生的研究中最令人吃驚的特點"，這份文獻的作者說，"不是騙術本身的神奇，而是外行目擊者所提供的報告的極端虛弱。"他說，"顯然，甚至眾多目擊者也會列舉出一些完全錯誤的條件關係，但其結論是，假如他們的描述被認為是正確的，他們所描述的現象便不能用騙術來解釋。達維先生發明的方法非常簡單，人們對他竟敢採用這些方法不免感到吃驚。但是他具有支配羣體大腦的能力，他能讓他們相信，他們看到了自己並沒有看到的事情。"這裏我們遇到的仍然是催眠師影響被催眠者的能力。可見，對於頭腦非常嚴謹，事先就要求其抱着懷疑態度的人，這種能力都可以發揮作用，它能輕易讓普通羣體上當受騙，也就不足為怪了。

類似的例子還有很多。在我寫下這些文字時，報紙上充斥着兩個小女孩在塞納河溺水身亡的報導。五六個目擊者言之鑿鑿地說，他們認出了這兩個孩子。所有的證詞如出一轍，不容預審法官再有任何懷疑。他簽署了死亡證明，但就在為孩子舉行葬禮時，一個偶然的事件使人們發現，本來以為死了的人仍然活着，並且她們和溺水而死的人沒有多少相似之處。就像前面提到的事例一樣，第一個目擊者本人就是幻覺的犧牲品，他的證詞足以對其他目擊者產生影響。

在這類事情中，暗示的起點一般都是某個人多少有些模糊的記憶所產生的幻覺，在這一最初的幻覺得到肯定之後，就會引起相互傳染。如果第一個觀察者非常沒有主見，他相信自己已經辨認出的屍體，有時會呈現出──除了一切真實的相似處之外──一些特徵，譬如一塊傷疤甚麼的，或一些讓其他人產生同感的裝束上的細節。由此產生的同感會變成一個肯定過程的核心，它會征服理解力，窒息一切判斷力。觀察者這時看到的不再是客體本身，而是他頭腦中產生的幻像。在舊事重提的報紙所記錄的如下事例中，孩子的屍體竟被自己的母親認錯，由此可以得到解釋。從這種現象中，肯定能夠找到我剛才已指出其作用的兩種暗示。

另一個孩子認出了這個孩子，但他搞錯了。然後又開始了沒有根據的辨認過程。

一件不同尋常的事發生了。在同學辨認屍體的第二天，一個婦女喊道：「天哪，那是我的孩子！」

她走近屍體，觀察他的衣服，又看看他額頭上的傷疤。「這肯定是我兒子，」她說，「他去年七月失蹤。他一定是被人拐走殺害了。」

這女人是福爾街的看門人，姓夏凡德雷。她的表弟也被叫了來。問到他時，他說：「那是小費利貝。」住在這條街上的好幾個人，也認出了在拉弗萊特找

到的這孩子是費利貝·夏凡德雷，其中有孩子的同
學，他所根據的是那孩子佩帶的一枚徽章。

　　但是，鄰居、表弟、同學和當媽的全搞錯了。
六週後，那孩子的身份得到了確認。他是波爾多人，
在那裏被人殺害，又被一夥人運到了巴黎。[4]

　應當指出，產生這種誤認的經常是婦女和兒童——即
最沒有主見的人。他們也向我們表明，這種目擊者在法庭
上會有甚麼價值。尤其就兒童而言，絕不能拿他們的證詞
當真。地方長官慣於説童言無忌。哪怕他們只有一點基
本的心理學修養，他們也會知道，事情恰恰相反，兒童一
直就在撒謊。當然，這是一種無辜的謊言，但它仍然是謊
言。正像經常發生的情況那樣，用孩子的證詞來決定被告
的命運，還不如用扔錢幣的方式來得合理。

　還是回到羣體的觀察力這個問題上來吧。我們的結論
是，他們的集體觀察極可能出錯，大多數時候它所表達的
是在傳染過程中影響着同伴的個人幻覺。各種事實都證
明，應當明智地認為羣體的證詞極不可靠，它甚至能夠達
到無以復加的程度。二十五年前的色當一役，有數千人參
與了著名的騎兵進攻，但是面對那些最為矛盾的目擊者證
詞，根本不可能確定誰在指揮這場戰役。英國將軍沃爾斯

---

4 《閃電報》，1895 年 4 月 21 日。

利爵士在最近的一本書中證明，關於滑鐵盧戰役中一些最重要的事件，至今一直有人在犯下最嚴重的事實錯誤——這是一些由數百人證明過的事實。[5]

這些事實向我們證明了羣體的證詞價值何在。討論邏輯學的文章有無數證人的一致同意，因此屬於可以用來支持事實之準確性的最強有力的證明。然而我們的羣體心理學知識告訴我們，在這個問題上，討論邏輯的文章需要重寫。受到最嚴重懷疑的事件，肯定是那些觀察者人數最多的事件。説一件事同時被數千個目擊者所證實，這通常也就是説真相與公認的記述相去甚遠。

從以上情況得出的明確結論是，只能把史學著作當作純粹想像的產物。它們是對觀察有誤的事實所做的無根據的記述，並且混雜着一些對思考結果的解釋。寫這樣的東西完全是在虛擲光陰。假如歷史沒有給我們留下它的文學、藝術和不朽之作，我們對以往時代的真相便一無所

5　就一場戰役而言，我們知道它是如何發生的嗎？對此我深表懷疑。我們知道誰是侵略者，誰是被侵略者，大概僅此而已。德哈考特先生關於他親眼目睹並參與過的索爾費里諾戰役的一席話，可能也適用於一切戰役：“將軍們（當然是在瞭解了數百位目擊者以後）提出他們的官方報告；勤務官對這些檔進行修改，擬定出明確的敍述；參謀長提出反對意見並在新的基礎上完全重寫一遍。它被送到元帥那裏，他審閱後説：‘你們全搞錯了’，於是他又用一份新文件取而代之。原來報告中的內容已經所剩無幾。”德哈考特提到這個事實，是想證明，即使給人留下最深刻印象、觀察最充分的事件，也不可能確定它的真相。

知。那些在人類歷史上起過重大作用的偉人，如赫拉克利特[6]、釋加牟尼或穆哈默德，我們擁有一句真實的記錄嗎？我們極可能一句也沒有。不過實事求是地說，他們的真實生平對我們無關緊要。我們想要知道的，是我們的偉人在大眾神話中呈現甚麼形象。打動羣體心靈的是神話中的英雄，而不是當時的真實英雄。

不幸的是，神話雖然被清楚地記錄在書中，它們本身卻無穩定性可言。隨着時光的流逝，尤其是由於種族的緣故，羣體的想像力在不斷地改變着它們。《舊約全書》中嗜血成性的耶和華與聖德肋撒[7]的愛的上帝有天壤之別，在中國受到崇拜的佛祖，與印度人所尊奉的佛祖亦無多少共同特點。

英雄的神話因為羣體的想像力而改變，使英雄離我們而去，也無需數百年的時間。轉變有時就發生在幾年之內。我們在自己這個時代便看到，歷史上最了不起的偉人之一的神話，在不到 50 年間便改變了數次。在波旁家族的統治下，拿破崙成了田園派和自由主義的慈善家，一個卑賤者的朋友。在詩人眼裏，他注定會長期留存在鄉村人

6　赫拉克利特（Heracleitus，約公元前 540- 約公元前 480），古希臘哲學家，最早提出世界受 "邏各斯"（意為 "道" 或 "自然理性"）支配，其對立統一學說對後世影響甚巨。

7　聖德肋撒（Saint Therese, 1873-1897），法國著名的天主教修女，死於肺結核。短暫的一生充滿內心矛盾，有書信體《靈魂經歷》傳世。

民的記憶之中。30年後，這個步態安詳的英雄又變成了一個嗜血成性的暴君，他在篡奪權力並毀滅了自由之後，僅僅為了滿足自己的野心，便讓300萬人命喪黃泉。如今我們看到這個神話又在發生變化。數千年之後，未來的博學之士面對這些矛盾百出的記載，也許會對是否真有這位英雄表示懷疑，正像現在有些人懷疑釋加牟尼一樣。從他身上，他們只會看到一個光彩照人的神話或一部赫拉克利特式傳奇的演變。對這種缺乏確定性的情況，他們無疑很容易心安理得，因為和今天的我們相比，他們更明白羣體的特點和心理。他們知道，除了神話之外，歷史沒有多少保存其他記憶的能力。

3. 羣體情緒的誇張與單純

羣體表現出來的感情不管是好是壞，其突出的特點就是極為簡單而誇張。在這方面，就像許多其他方面一樣，羣體中的個人類似於原始人。因為不能做出細緻的區分，他把事情視為一個整體，看不到它們的中間過渡狀態。羣體情緒的誇張也受到另一個事實的強化，即不管甚麼感情，一旦它表現出來，通過暗示和傳染過程而非常迅速地傳播，它所明確讚揚的目標就會力量大增。

羣體情緒的簡單和誇張所造成的結果是，它全然不知懷疑和不確定性為何物。它就像女人一樣，一下子便會陷入極端。懷疑一說出口，立刻就會成為不容辯駁的證據。心生厭惡或有反對意見，如果是發生在孤立的個人身上，不會有甚麼力量，若是羣體中的個人，卻能立刻變成勃然大怒。

羣體感情的狂暴，尤其是在異質的羣體中間，又會因責任感的徹底消失而強化。意識到肯定不會受到懲罰──而且人數越多，這一點就越是肯定──以及因為人多勢眾而一時產生的力量感，會使羣體表現出一些孤立的個人不可能有的情緒和行動。在羣體中間，傻瓜、無知者和心懷妒忌的人，擺脫了自己卑微無能的感覺，會感覺到一種殘忍、短暫但又巨大的力量。

不幸的是，羣體的這種誇張傾向，常常作用於一些惡劣的感情。它們是原始人的本能隔代遺傳的殘留，孤立而負責的個人因為擔心受罰，不得不對它們有所約束。因此羣體很容易幹出最惡劣的極端勾當。

不過，這並不意味着羣體沒有能力在巧妙的影響之下，表現出英雄主義、獻身精神或最崇高的美德。他們甚至比孤立的個人更能表現出這些品質。當我們研究羣體的道德時，我們很快還有機會回到這個話題上來。

羣體因為誇大自己的感情，因此它只會被極端感情所打動。希望感動羣體的演說家，必須出言不遜，信誓旦旦。誇大其辭、言之鑿鑿、不斷重複，絕對不以說理的方

式證明任何事情——這些都是公眾集會上的演説家慣用
的論説技巧。

　進一步説，對於他們自己的英雄的感情，羣體也會做
出類似的誇張。英雄所表現出來的品質和美德，肯定總是
被羣體誇大。早就有人正確地指出，觀眾會要求舞台上的
英雄具有現實生活中不可能存在的勇氣、道德和美好品質。

　在劇場裏觀察事物的特殊立場，早就有人正確認識到
了它的重要性。這種立場毫無疑問是存在的，但是它的原
則與常識和邏輯基本上毫無相同之處。打動觀眾的藝術
當然品味低下，不過這也需要特殊的才能。通過閲讀劇本
來解釋一齣戲的成功，往往是不可能的。劇院經理在接受
一部戲時，他們自己通常並不知道它能否取得成功。因為
如果想對這事做出判斷，他們必須能夠把自己變成觀眾。[8]

8　因此不難理解，一些被所有劇院經理拒之門外的作品，往往在偶然被
　搬上舞台後，為何竟會大獲成功。人們都知道科佩（Francois Cop-
　pee[1842-1908]：法國右翼作家，有劇本《過客》、詩集《卑微者》等。）
　的《為了榮譽》最近獲得了成功，但是儘管有作者的名望，這個劇本在
　過去十年一直被巴黎主要歌劇院的經理們拒之門外。被所有劇院拒絕
　過的《夏萊的姨媽》，最後因為一個股票商人出資才得見天日，它在法
　國演出了二百多場，在倫敦上演了一千多場。如果不做上面的解釋，
　即劇院經理不可能代替觀眾，便無法理解這些既有資格又十分小心地
　避免這類失誤的人，為何會判斷錯誤。我無法在此討論這個話題，不
　過，如果熟悉劇院生活的作家也是個細心的心理學家，這個問題倒是
　很值得他費些筆墨。

　　這裏我們又一次可以做出更廣泛的解釋。我們會説明種族因素的壓倒性影響。一部在某國掀起熱情的歌劇，在另一國卻未獲成功，或只取得了部分的或平常的成功，是因為它沒有產生能夠作用於另一些公眾的影響力。

　　我沒有必要再補充説，羣體的誇張傾向只作用於感情，對智力不起任何作用。我已經表明，個人一旦成為羣體的一員，他的智力立刻會大大下降。一位有學問的官員塔爾德先生，在研究羣體犯罪時也證實了這一點。羣體僅僅能夠把感情提升到極高和──或相反──極低的境界。

4. 羣體的偏執、專橫和保守

　　羣體只知道簡單而極端的感情；提供給他們的各種意見、想法和信念，他們或者全盤接受，或者一概拒絕；將其視為絕對真理或絕對謬論。用暗示的辦法加以誘導而不是做出合理解釋的信念，歷來都是如此。與宗教信仰有關的偏執及其對人們的頭腦實行的專制統治，早就為大家所知。

　　對何為真理何為謬誤總是心存懷疑，另一方面，又清楚地意識到自己的強大，羣體便給自己的理想和偏執賦予了專橫的性質。個人可以接受矛盾，進行討論，羣體是絕對不會這樣做的。在公眾集會上，演説者哪怕做出最輕微的反駁，立刻就會招來怒吼和粗野的叫罵。在一片噓聲和驅逐聲中，演說者很快就會敗下陣來。當然，假如現場缺少當權者的代表這種約束性因素，反駁者往往會被打死。

專橫和偏執是一切類型的羣體的共性，但是其強度各有不同。在這個方面，支配着人們感情和思想的基本的種族觀念，會一再表現出來。尤其在拉丁民族的羣體中，可以看到專橫和偏執能夠發展到無以復加的地步。事實上，這兩種態度在拉丁民族的羣體中的發展，已經徹底破壞了盎格魯·薩克遜人所具有的那種強烈的個人獨立感情。拉丁民族的羣體只關心他們所屬宗派的集體獨立性，他們對獨立有獨特的見解，認為必須讓那些與他們意見相左的人立刻強烈反對自己的信念。在各拉丁民族中間，自宗教法庭時代以來，各個時期的雅各賓黨人，對自由從未能夠有另一種理解。

專橫和偏執是羣體有着明確認識的感情，他們很容易產生這種感情，而且只要有人在他們中間煽動起這種情緒，他們隨時都會將其付諸實踐。羣體對強權俯首貼耳，卻很少為仁慈心腸所動，他們認為那不過是軟弱可欺的另一種形式。他們的同情心從不聽命於作風溫和的主子，而是只向嚴厲欺壓他們的暴君低頭。他們總是為這種人塑起最壯觀的雕像。不錯，他們喜歡踐踏被他們剝奪了權力的專制者，但那是因為在失勢之後他也變成了一介平民。他受到蔑視是因為他不再讓人害怕。羣體喜歡的英雄，永遠像個愷撒。他的權杖吸引着他們，他的權力威懾着他們，他的利劍讓他們心懷敬畏。

羣體隨時會反抗軟弱可欺者，對強權低聲下氣。如果強權時斷時續，而羣體又總是被極端情緒所左右，它便會表現得反覆無常，時而無法無天，時而卑恭屈膝。

然而，如果以為羣體中的革命本能處在主導地位，那就完全誤解了它們的心理。在這件事上使我們上當的，不過是它們的暴力傾向。它們的反叛和破壞行為的爆發總是十分短暫，羣體強烈地受着無意識因素的支配，因此很容易屈從於世俗的等級制，難免會十分保守。對它們撒手不管，它們很快就會對混亂感到厭倦，本能地變成奴才。當波拿巴壓制了一切自由，讓每個人都對他的鐵腕有切膚之感時，向他發出歡呼的正是那些最桀驁不馴的雅各賓黨人。

如果不考慮羣體深刻的保守本能，就難以理解歷史，尤其是民眾的革命。不錯，它們可能希望改朝換代，為了取得這種變革，它們有時甚至發動暴力革命，然而這些舊制度的本質仍然反映着種族對等級制的需要，因此它們不可能得不到種族的服從。羣體的多變，只會影響到很表面的事情。其實它們就像原始人一樣，有着堅不可摧的保守本能。它們對一切傳統的迷戀與崇敬是絕對的；它們對一切有可能改變自身生活基本狀態的新事物，有着根深蒂固的無意識恐懼。在發明機器織機或出現蒸氣機和鐵路的時代，如果民主派掌握着他們今天擁有的權力，這些發明也不可能實現，或至少要付出革命和不斷殺戮的代價。對於文明的進步而言，值得慶幸的是，只是在偉大的科學發明和工業出現之後，羣體才開始掌握了權力。

5. 羣體的道德

如果"道德"一詞指的是持久尊重一定的社會習俗，不斷抑制私心的衝動，那麼顯然可以說，由於羣體太好衝動，太多變，因此它不可能是道德的。相反，如果我們把某些一時表現出來的品質，如捨己為人、自我犧牲、不計名利、獻身精神和對平等的渴望等，也算作"道德"的內容，則我們可以說，羣體經常會表現出極高的道德。

研究過羣體的少數心理學家，只着眼於他們的犯罪行為，在看到經常發生這種行為後，他們得出的結論是，羣體的道德水準十分低劣。

這種情況當然經常存在。但為何是這樣？這不過是因為我們從原始時代繼承了野蠻和破壞性的本能，它蟄伏在我們每個人身上。孤立的個人在生活中滿足這種本能是很危險的，但是當他加入一個不負責任的羣體時，因為很清楚不會受到懲罰，他便會徹底放縱這種本能。在生活中，我們不能向自己的同胞發洩這種破壞性本能，便把它發洩在動物身上。羣體捕獵的熱情與兇殘，有着同樣的根源。羣體慢慢殺死沒有反抗能力的犧牲者，表現出一種十分懦弱的殘忍。不過在哲學家看來，這種殘忍，與幾十個獵人聚集成羣用獵犬追捕和殺死一隻不幸的鹿時表現出的殘忍，有着非常密切的關係。

羣體可以殺人放火，無惡不作，但是也能表現出極崇高的獻身、犧牲和不計名利的舉動，即孤立的個人根本做不到的極崇高的行為。以名譽、光榮和愛國主義作為號召，最有可能影響到組成羣體的個人，而且經常可以達到使他慷慨赴死的地步。像十字軍遠征和 1793 年的志願者那種事例，歷史上比比皆是。只有集體能夠表現出偉大的不計名利和獻身的精神。羣體為了自己只有一知半解的信仰、觀念和隻言片語，便英勇地面對死亡，這樣的事例何止千萬！不斷舉行示威的人羣，更有可能是為了服從一道命令，而不是為了增加一點養家糊口的薪水。私人利益幾乎是孤立的個人唯一的行為動機，卻很少成為羣體的強大動力。在羣體的智力難以理解的多次戰爭中，支配着羣體的肯定不是私人利益——在這種戰爭中，他們甘願自己被人屠殺，就像是被獵人施了催眠術的小鳥。

即使在一羣罪大惡極的壞蛋中間，經常也會出現這樣的情況，他們僅僅因為是羣體中的一員，便會暫時表現出嚴格的道德紀律。泰納讓人們注意一個事實，九月慘案[9]的罪犯把他們從犧牲者身上找到的錢包和鑽石放在會議桌上，本來他們是很容易把這些東西據為己有的。1848年革命期間，在佔領杜伊勒利宮時呼嘯而過的羣眾，並沒有染指那些讓他們興奮不已的物品，而其中的任何一件都意味着多日的麵包。

羣體對個人的這種道德淨化作用，肯定不是一種不變的常規，然而，它卻是一種經常可以看到的常態。甚至在不像我剛才説過的那樣嚴重的環境下，也可以看到這種情況。我前面説過，劇院裏的觀眾要求作品中的英雄有着誇張的美德，一般也可以看到，一次集會，即使其成員品質低劣，通常也會表現得一本正經。放蕩不羈的人、拉皮條的和粗人，在有些危險的場合或交談中，經常會一下子變得細聲細語，雖然與他們習慣了的談話相比，這種場合不會造成更多的傷害。

羣體雖然經常放縱自己低劣的本能，他們也不時樹立起崇高道德行為的典範。如果不計名利、順從和絕對獻身於真正的或虛幻的理想，都可算作美德，那就可以説，羣體經常具備這種美德，而且它所達到的水準，即使最聰

9　1792 年 9 月，巴黎的羣眾衝入監獄殺死大量囚禁的貴族和僧侶，史稱"九月慘案"。

明的哲學家也難以望其項背。他們當然是在無意識地實踐着這些美德，然而這無礙大局，我們不該對羣體求全責備，說他們經常受無意識因素的左右，不善於動腦筋。在某些情況下，如果他們開動腦筋考慮起自己的眼前利益，我們這個星球上根本就不會成長出文明，人類也不會有自己的歷史了。

第三章　羣體的觀念、推理與和想像力

1. 羣體的觀念

我們在前一本著作 [1] 研究羣體觀念對各國發展的影響時已經指出，每一種文明都是屈指可數的幾個基本觀念的產物，這些觀念很少受到革新。我們說明了這些觀念在羣體心中是多麼根深蒂固，影響這一過程是多麼困難，以及這些觀念一旦得到落實所具有的力量。最後我們又說，歷史大動盪就是這些基本觀念的變化所引發的結果。

我們已經用大量篇幅討論過這個問題，因此我現在不想舊話重提。這裏我只想簡單談談羣體能夠接受的觀念這一問題，以及他們領會這些觀念的方式。

這些觀念可以分為兩類。一類是那些因一時的環境影響來去匆匆的觀念，譬如那些只會讓個人或某種理論着迷的觀念。另一類是基本觀念，它們因為環境、遺傳規律和公眾意見而具有極大的穩定性。過去的宗教觀念，以及今天的社會主義和民主觀念，都屬於這類觀念。

1　勒龐這裏指他的《民族演化的心理規律》(*Lois psychologiques de l'evolution des peuples*) 一書，出版於 1894 年。1898 年英譯本出版，更名為《民族心理學》(*The Psychology of Peoples*)。

如今，被我們的父輩視為人生支柱的那些偉大的基本觀念，正在搖搖欲墜。它們的穩定性已喪失殆盡，同時，建立於其上的制度也受到了嚴重的動搖。每天都在形成大量我剛才說過的那種過眼雲煙一般的觀念，但是看來它們很少具有生命力並能夠發揮持久的影響。

給羣體提供的無論是甚麼觀念，只有當它們具有絕對的、毫不妥協的和簡單明瞭的形式時，才能產生有效的影響。因此它們都會披上形象化的外衣，也只有以這種形式，它們才能為羣眾所接受。在這些形象化的觀念之間，沒有任何邏輯上的相似性或連續性，它們可以相互取代，就像操作者從幻燈機中取出一張又一張疊在一起的幻燈片一樣。這解釋了為甚麼能夠看到最矛盾的觀念在羣體中同時流行。隨着時機不同，羣體會處在它的理解力所及的不同觀念之一的影響之下，因此能夠幹出大相徑庭的事情。羣體完全缺乏批判精神，因此也察覺不到這些矛盾。

這種現象並不是羣體所特有的。許多孤立的個人，不只是野蠻人，而且在智力的某個方面接近於原始人的所有人，例如宗教信仰上的狂熱宗派，在他們身上都可以看到這種現象。我曾看到，在我們歐洲大學裏受過教育並拿到了文憑的有教養的印度人，就令人費解地表現出這種現象。一部分西方觀念被附着於他們一成不變的、基本的傳統觀念或社會觀念之上。根據不同的場合，這一套或那一套觀念就會表現出來，並伴之以相應的言談舉止，這會讓同一個人顯得極為矛盾。不過，這些矛盾與其說真正存在，不如說只是一種表面現象，因為只有世代相傳的觀念才能對孤立的個人產生足夠的影響，變成他的行為動機。只有當一個人因為不同種族的通婚而處在不同的傳統傾向中間時，他的行為才會真正不時表現得截然對立。這些現象雖然在心理學上十分重要，不過在這裏糾纏它們並無益處。我的意見是，要想充分理解它們，至少要花上十年時間周遊各地進行觀察。

　觀念只有採取簡單明瞭的形式，才能被羣體所接受，因此它必須經過一番徹底的改造，才能變得通俗易懂。當我們面對的是有些高深莫測的哲學或科學觀念時，我們尤其會看到，為了適應羣體低劣的智力水準，對它們需要進行多麼深刻的改造。這些改造取決於羣體或羣體所屬的種族的性質，不過其一般趨勢都是觀念的低俗化和簡單化。這解釋了一個事實，即從社會的角度看，現實中很少存在觀念的等級制，也就是說，很少存在着有高下之分的觀念。一種觀念，不管它剛一出現時多麼偉大或正確，它那些高深或偉大的成分，僅僅因為它進入了羣體的智力範圍並對它們產生影響，便會被剝奪殆盡。

　不過從社會的角度看，一種觀念的等級價值，它的固有價值，並不重要。必須考慮的是它所產生的效果。中世紀的基督教觀念，上個世紀的民主觀念，或今天的社會主義觀念，都算不上十分高明。從哲學的角度考慮，它們只能算是一些令人扼腕的錯誤，但是它們的威力卻十分強大，在未來很長一段時間裏，它們將是決定各國行動的最基本因素。

甚至當一種觀念經過了徹底的改造，使羣體能夠接受時，它也只有在進入無意識領域，變成一種情感——這需要很長的時間——時才會產生影響，其中涉及到的各種過程，我們將在下文予以討論。

切莫以為，一種觀念會僅僅因為它正確，便至少能在有教養者的頭腦中產生作用。只要看一下最確鑿的證據對大多數人的影響多麼微不足道，立刻就可以搞清楚這個事實。十分明顯的證據，也許會被有教養的人所接受，但是信徒很快就會被他的無意識的自我重新帶回他原來的觀點。人們將看到，過不了幾天他便會故態復萌，用同樣的語言重新提出他過去的證明。實際上，他仍處於以往觀念的影響之下，它們已經變成了一種情感；只有這種觀念影響着我們的言行舉止最隱秘的動機。羣體中的情況也不會例外。

當觀念通過不同的方式，終於深入到羣體的頭腦之中並且產生了一系列效果時，和它對抗是徒勞的。引發法國大革命的那些哲學觀念，花了將近一個世紀才深入羣眾的心中。一旦它們變得根深蒂固,其不可抗拒的威力盡人皆知。整個民族為了社會平等、為了實現抽象的權利和理想主義自由而做的不懈追求,使所有的王室都搖搖欲墜,使西方世界陷入深刻的動盪之中。在 20 年的時間裏,各國都內訌不已,歐洲出現了甚至連成吉思漢或帖木兒看了也會心驚膽戰的大屠殺。世界還從未見過因為一種觀念的傳播而引起如此大規模的後果。

讓觀念在羣眾的頭腦裏扎根需要很長時間,而根除它們所需要的時間也短不了多少。因此就觀念而言,羣體總是落後於博學之士和哲學家好幾代人。今天所有的政客都十分清楚,我剛才提到的那些基本觀念中混雜着錯誤,然而由於這些觀念的影響力依然十分強大,他們也不得不根據自己已經不再相信的真理中的原則進行統治。

2. 羣體的理性

不能絕對地說,羣體沒有理性或不受理性的影響。

但是它所接受的論證,以及能夠對它產生影響的論證,從邏輯上屬於十分拙劣的一類,因此把它們稱為推理,只能算是一種比喻。

就像高級的推理一樣,羣體低劣的推理能力也要借助於觀念,不過,在羣體所採用的各種觀念之間,只存在着表面的相似性或連續性。羣體的推理方式類似於愛斯基摩人的方式，他們從經驗中得知，冰這種透明物質放在嘴裏可以融化，於是認為同樣屬於透明物質的玻璃，放在嘴裏也會融化；他們又像一些野蠻人，以為吃下驍勇敵手的心臟，便得到了他的膽量；或是像一些受僱主剝削的苦力，立刻便認為天下所有僱主都在剝削他們的人。

羣體推理的特點，是把彼此不同，只在表面上相似的事物攪在一起，並且立刻把具體的事物普遍化。知道如何操縱羣體的人，給他們提供的也正是這種論證。它們是能夠影響羣體的唯一論證。包含一系列環節的邏輯論證，對羣體來說完全是不可理解的，因此不妨說，他們並不推理或只會錯誤地推理，也不受推理過程的影響。讀讀某些演說詞，其中的弱點經常讓人感到驚訝，但是它們對聽眾卻有巨大的影響。人們忘記了一點，它們並不是讓哲學家閱讀的，而是用來說服集體的。同羣體有密切交往的演說家，能夠在羣體中激發出對他們有誘惑力的形象。只要他成功地做到了這一點，他便達到了自己的目的。二十本滔滔不絕的長篇論證——它們總是認真思考的產物——還不如幾句能夠對它試圖說服的頭腦有號召力的話。

沒有必要進一步指出，羣體沒有推理能力，因此它也無法表現出任何批判精神，也就是說，它不能辨別真偽或對任何事物形成正確的判斷。羣體所接受的判斷，僅僅是強加給它們的判斷，而絕不是經過討論後得到採納的判斷。在這方面，也有無數的個人比羣體水準高明不了多少。有些意見輕而易舉就得到了普遍贊同，更多地是因為大多數人感到，他們不可能根據自己的推理形成自己的獨特看法。

3. 羣體的想像力

　　正像缺乏推理能力的人一樣，羣體形象化的想像力不但強大而活躍，並且非常敏感。一個人、一件事或一次事故在他們頭腦中喚起的形象，全都栩栩如生。從一定意義上說，羣體就像個睡眠中的人，他的理性已被暫時懸置，因此他的頭腦中能產生出極鮮明的形象，但是只要他能夠開始思考，這種形象也會迅速消失。既然羣體沒有思考和推理能力，因此它們不認為世上還有做不到的事情。一般而言它們也會認為，最不可能的事情便是最驚人的事情。一個事件中不同尋常的、傳奇式的一面會給羣體留下特別深刻的印象，原因便在於此。實際上，分析一下一種文明就會發現，使它得以存在的真正基礎，正是那些神奇的、傳奇般的內容。在歷史上，表相總是比真相起着更重要的作用，不現實的因素總是比現實的因素更重要。

　　只會形象思維的羣體，也只能被形象所打動。只有形象能吸引或嚇住羣體，成為它們的行為動機。

　　因此，最能活靈活現反映人物形象的戲劇表演，總是對羣體有巨大的影響。在羅馬民眾的眼裏，麵包和宏大壯觀的表演構成了幸福的理想，他們再無所求。在此後的所有時代裏，這種理想很少改變。對各種羣體的想像力起作用的莫過於戲劇表演。所有觀眾同時體驗着同樣的感情，這些感情沒有立刻變成行動，不過是因為最無意識的觀眾也不會認識不到，他不過是個幻覺的犧牲品，他的笑聲與淚水，都是為了那個想像出來的離奇故事。然而，有時因為形象的暗示而產生的感情卻十分強烈，因此就像暗示通常所起的作用一樣，它們傾向於變成行動。這類故事我們時有所聞：大眾劇場的經理僅僅因為上演了一出讓人情緒低沉的戲，便不得不在扮演叛徒的演員離開劇院時為他提供保護，以免受到那些對叛徒的罪惡義憤填膺的觀眾的粗暴攻擊，儘管那罪行不過是想像的產物。我認為，我們在這裏看到的是羣體心理狀態、尤其是對其施以影響的技巧之最顯著的表現。虛幻的因素對他們的影響幾乎像現實一樣大。他們有着對兩者不加區分的明顯傾向。

　　侵略者的權力和國家的威力，便是建立在羣體的想像力上。在領導羣體時，尤其要在這種想像力上很下功夫。所有重大的歷史事件，佛教、基督教和伊斯蘭教的興起，宗教改革，法國大革命，以及我們這個時代社會主義的可怕入侵，都是因為對羣體的想像力產生強烈影響所造成的直接或間接的後果。

　　此外，所有時代和所有國家的偉大政客，包括最專橫的暴君，也都把羣眾的想像力視為他們權力的基礎，他們從來沒有設想過通過與它作對進行統治。拿破崙對國會說："我通過改信天主教，終止了旺代戰爭，通過變成穆斯林教徒，在埃及站住了腳，通過成為一名信奉教皇至上的人，贏得了義大利神父的支持，如果我去統治一個猶太人的國家，我也會重修所羅門的神廟。"自從亞利山大和愷撒以來，大概從來沒有一個偉大的人物更好地瞭解怎樣影響羣眾的想像力。他始終全神貫注的事情，就是強烈地作用於這種想像力。在勝利時，在屠殺時，在演說時，在自己的所有行動中，他都把這一點牢記在心中。直到他躺在牀上就要嚥氣時，依然對此念念不忘。

　　如何影響羣眾的想像力呢？我們很快就會知道。這裏我們只需說明，要想掌握這種本領，萬萬不可求助於智力或推理，也就是說，絕對不可以採用論證的方式。安東尼[2]讓民眾反對謀殺愷撒的人，採用的辦法並不是機智的說理，而是讓民眾意識到他的意志，是用手指着愷撒的屍體。

　　不管刺激羣眾想像力的是甚麼，採取的形式都是令人吃驚的鮮明形象，並且沒有任何多餘的解釋，或僅僅伴之以幾個不同尋常或神奇的事實。有關的事例是一場偉大

2　安東尼（Marcus Antonius, 公元前 82？－公元前 30），古羅馬著名政治家，愷撒的密友。

的勝利、一種大奇跡、大罪惡或大前景。事例必須擺在
作為一個整體的羣眾面前，其來源必須密不示人。上千次
小罪或小事件，絲毫也不會觸動羣眾的想像力，而一個大
罪或大事件卻會給他們留下深刻的印象，即使其後果造成
的危害與一百次小罪相比不知小多少。就是幾年前，流行
性感冒僅在巴黎一地便造成了 5000 人的死亡，但是它對
民眾的想像力幾乎沒有任何影響。原因在於，這種真實的
大規模死亡沒有以某個生動的形象表現出來，而是通過每
週發佈的統計資訊知道的。相反，如果一次事件造成的死
亡只有 500 人而不是 5000 人，但它是在一天之內發生於
公眾面前，是一次極其引人矚目的事件，譬如說是因為埃
菲爾鐵塔轟然倒塌，就會對羣眾的想像力產生重大影響。
人們因為得不到相關的消息，以為一艘穿越大西洋的汽輪
可能已在大洋中沉沒，此事對羣眾想像力的影響整整持續
了一週。但是官方的統計表明，僅僅 1894 年一年，就有
850 條船和 203 艘汽輪失事。以造成的生命和財產損失而
論，它們比那次大西洋航線上的失事嚴重得多，而羣眾在
任何時候都沒有關心過這些接連不斷的失事。

影響民眾想像力的，並不是事實本身，而是它們發
生和引起注意的方式。如果讓我表明看法的話，我會說，
必須對它們進行濃縮加工，它們才會形成一種令人瞠目結
舌的驚人形象。掌握了影響羣眾想像力的藝術，也就掌握
了統治他們的藝術。

第四章　羣體信仰所採取的宗教形式

我們已經證明，羣體並不進行推理，它對觀念或是全盤接受，或是完全拒絕；對它產生影響的暗示，會徹底征服它的理解力，並且使它傾向於立刻變成行動。我們還證明，對羣體給予恰當的影響，它就會為自己所信奉的理想慷慨赴死。我們也看到，它只會產生狂暴而極端的情緒，同情心很快就會變成崇拜，而一旦心生厭惡，也幾乎立刻會變為仇恨。這些一般性解釋，已經為我們揭示了羣體信念的性質。

在對這些信念做更為細緻的考察時，顯然還會發現，不論是在有着狂熱宗教信仰的時代，還是發生了政治大動盪的時代——例如上個世紀的狀況——它們總是採取一種特殊的形式，我除了把它稱為宗教感情之外，再沒有更好的稱呼。

這種感情有着十分簡單的特點，比如對想像中某個高高在上者的崇拜，對生命賴以存在的某種力量的畏懼，盲目服從它的命令，沒有能力對其信條展開討論，傳播這種信條的願望，傾向於把不接受它們的任何人視為仇敵。這種感情所涉及的不管是一個看不見的上帝、一具木頭或石頭偶像，還是某個英雄或政治觀念，只要它具有上述特點，它便總是有着宗教的本質。可以看到，它還會在同等程度上表現出超自然和神秘的因素。羣體下意識地把某種神秘的力量等同於一時激起他們熱情的政治信條或獲勝的領袖。

一個人如果只崇拜某個神，他還算不上有虔誠的信仰，只有當他把自己的一切思想資源、一切自願的服從行為、發自肺腑的幻想熱情，全部奉獻給一項事業或一個人，將其作為自己全部思想和行動的目標與準繩時，才能夠說他是個虔誠的人。

偏執與妄想是宗教感情的必然伴侶。凡是自信掌握了現世或來世幸福秘密的人，難免都會有這樣的表現。當聚集在一起的人受到某種信念的激勵時，在他們中間也會發現這兩個特點。恐怖統治時代的雅各賓黨人，骨子裏就像宗教法庭時代的天主教徒一樣虔誠，他們殘暴的激情也有着同樣的來源。

羣體的信念有着盲目服從、殘忍的偏執以及要求狂熱的宣傳等等這些宗教感情所固有的特點，因此可以說，他們的一切信念都具有宗教的形式。受到某個羣體擁戴的英雄，在這個羣體看來就是一個真正的神。拿破崙當了十五年這樣的神，一個比任何神都更頻繁地受到崇拜、更輕鬆地把人置於死地的神。基督教的神和異教徒的神，對處在他們掌握中的頭腦，也從未實行過如此絕對的統治。

　　一切宗教或政治信條的創立者所以能夠部得住腳，皆因為他們成功地激起了羣眾想入非非的感情，他們使羣眾在崇拜和服從中，找到了自己的幸福，隨時準備為自己的偶像赴湯蹈火。這在任何時代概無例外。德·庫朗熱在論述羅馬高盧人的傑作中正確指出，維持着羅馬帝國的根本不是武力，而是它所激發出的一種虔誠的讚美之情。他正確地寫道，"一種在民眾中受到憎惡的統治形式，竟能維持了五個世紀之久，世界史上還不曾有過類似的現象……帝國的區區三十個軍團，如何能讓一億人俯首貼耳，這真是不可思議。"他們服從的原因在於，皇帝是羅馬偉業的人格化象徵，他就像神一樣受到了全體人民的一致崇拜。在他的疆域之內，即使最小的城鎮也設有膜拜皇帝的祭壇。"當時，從帝國的一端到另一端，到處都可以看到一種新宗教的興起，它的神就是皇帝本人。在基督教以前的許多年裏，六十座城市所代表的整個高盧地區，都建起了和里昂城附近的廟宇相似的紀念奧古斯都皇帝的神殿……其祭司由統一的高盧城市選出，他是當地的首要人物……把這一切歸因於畏懼和奴性是不可能的。整個民族不可能全是奴隸，尤其不可能是長達三個世紀的奴隸。崇拜君主的並不是那些廷臣，而是羅馬；不僅僅是羅馬，還有高盧地區、西班牙、希臘和亞洲。"

　　大多數支配着人們頭腦的大人物，如今已經不再設立聖壇，但是他們還有雕像，或者，他們的讚美者手裏有他們的畫像，以他們為對像的崇拜行為，和他們的前輩所得到的相比毫不遜色。只要深入探究一下羣眾心理學的這個基本問題，即可破解歷史的奧妙。羣眾不管需要別的甚麼，他們首先需要一個上帝。

　　切莫認為，這些事情不過是過去時代的神話，早已被理性徹底清除。在同理性永恆的衝突中，失敗的從來就不是感情。羣眾固然已經聽不到神或宗教這種詞，過去，正是以它們的名義，羣眾長期受着奴役。但是在過去一百年裏，他們從未擁有過如此多的崇拜對象，古代的神也無緣擁有這樣多受到崇拜的塑像。近年研究過大眾運動的人知道，在布朗熱主義的旗號下，羣眾的宗教本能是多麼容易復活。在任何一家鄉村小酒館裏，都不會找不到這位英雄的畫像。他被賦予匡扶正義鏟除邪惡的全權，成千上萬的人會為他獻出生命。如果他的性格與他傳奇般的名望不相上下，他肯定能在歷史上佔據偉人的地位。

　　由此可見，斷言羣眾需要宗教，實在是十分無用的老生常談，因為一切政治、神學或社會信條，要想在羣眾中扎根，都必須採取宗教的形式——能夠把危險的討論排除在外的形式。即便有可能使羣眾接受無神論，這種信念也會表現出宗教情感中所有的偏執狂，它很快就會表現為一種崇拜。實證主義者這個小宗派的演變，為我們提供了一個不尋常的例證。同陀斯妥耶夫斯基這位深刻思想家的名字聯繫在一起的虛無主義者，發生他們身上的事情，很快也會發生在實證主義身上。他在某一天受到理性之光的啟發，撕碎了小教堂祭壇上一切神仙和聖人的畫像，他吹滅蠟燭，立刻用無神論哲學家——如比希納和莫勒斯霍特[1]——的著作代替了那些被破壞的物品，然後他又虔誠地點燃了蠟燭。他的宗教信仰的對象變了，然而真能說他的宗教感情也變了嗎？

我要再說一遍，除非我們研究羣體信念長期採取的宗教形式，便不可能理解一些肯定十分重要的歷史事件。對某些社會現象的研究，更需要着眼於心理學的角度，而不是自然主義的角度。史學家泰納只從自然主義角度研究法國大革命，因此他往往看不到一些事件的起源。他對事實有充分的討論，然而從研究羣體心理學的要求看，他並不總是能夠找出它們的起因。事件中血腥、混亂和殘忍的一面讓他感到驚恐，但是他從那部偉大戲劇的英雄身上，很少能夠看到還有一羣顛狂的野蠻人肆意妄為，對

1　比希納（Ludwig Buchner, 1824-1899），19 世紀德國無神論哲學家，因為在《力量與物質》（1855）一書把一切精神活動解釋成物理現象而名噪一時。莫勒斯霍特（Jacob Moleschott, 1822-1893），德國生理學家和哲學家，所著《生命循環》（1852）為 19 世紀最重要的唯物主義文獻之一。

自己的本能絲毫不加約束。這場革命的暴烈，它的肆意屠殺，它對宣傳的需要，它向一切事物發出的戰爭宣言，只有當認識到這場革命不過是一種新宗教信仰在羣眾中的建立時，才會得到恰當的解釋。宗教改革、聖巴托洛繆的大屠殺 [2]、法國的宗教戰爭，宗教法庭、恐怖時期，都屬於同類現象，都是受宗教感情激勵的羣眾所為，凡是懷有這種感情的人，必然會用火與劍去清除那些反對建立新信仰的人。宗教法庭的辦法，是一切有着真誠而不屈信念的人所採用的辦法。假如他們採用了別的辦法，他們的信念也就不該得到這樣的評語了。

像我剛才提到的這些大事件，只有在羣眾的靈魂想讓它們發生時，它們才有可能發生。即使最絕對的專制者也無法造成這種事件。當史學家告訴我們聖巴托洛繆慘案是一個國王所為時，他們對羣體心理表現得和君王們一樣無知。這種命令只能由羣體的靈魂來貫徹。握有最絕對的權力的最專制的君主，充其量只能加快或延緩其顯靈的時間。聖巴托洛繆慘案或宗教戰爭，並不完全是國王們所為，就像恐怖統治不完全是羅伯斯庇爾、丹東或聖鞠斯

2　1572 年 8 月 23 日（"聖巴托洛繆日"）在巴黎發生的對胡格諾教派的大屠殺，起因於法王之母卡特琳與胡格諾派首領、海軍上將科利尼之間的糾紛。據史家估計，巴黎約有 3000 人在這一慘案中喪生。

特[3]所為一樣。在這些事件的深處，總可以找到的絕不是
統治者的權力，而是羣體靈魂的運作。

3　丹東（Georges Danton, 1759-1794）：法國大革命的主要領袖人物之
　　一，立場溫和。聖鞠斯特（Louis de Saint-Just, 1767-1794）：法國大
　　革命中極左派代表人物，因生性殘忍，殺人如麻，其名字幾乎成為恐
　　怖統治的代名詞。

第二卷　羣體的意見與信念

第一章　羣體的意見和信念中的間接因素

在研究了羣體的精神結構之後，我們瞭解了它的感情、思維和推理方式，現在讓我們來看看它的意見和信念是如何形成的。

決定着這些意見和信念的因素分為兩類：間接因素和直接因素。

間接因素是指這樣一些因素，它能夠使羣體接受某些信念，並且使其再也難以接受別的信念。這些因素為以下情況的出現準備了基礎：突然會冒出來一些威力與結果都令人吃驚的新觀念，雖然它們的自發性不過是一種表像。某些觀念的爆發並被付諸行動，有時看起來顯得十分突然。然而這只是一種表面結果，在它背後肯定能夠找到一種延續良久的準備性力量。直接因素是這樣一些因素，隨着上述長期性準備工作的延續，它們能夠成為實際說服羣體的資源，不過，若是沒有那種準備性工作，它們也不會發生作用。這就是說，它們是使觀念採取一定形式並且使它能夠產生一定結果的因素。集體突然開始加以貫徹的方案，就是由這種[1]直接因素引起的。一次騷亂的爆發，或一個罷工決定，甚至民眾授予某人權力去推翻政府，都

1　指《民族演化的心理規律》一書。

可歸因這種因素。

在所有重大歷史事件中，都可以找到這兩種因素相繼發生作用。這裏僅以一個最令人震驚的事件為例，法國大革命的間接因素包括哲學家的著作、貴族的苛捐雜稅以及科學思想的進步。有了這些準備，羣眾的頭腦便很容易被演說家的演講以及朝廷用不疼不癢的改良進行的抵抗所激怒。

有些間接因素具有普遍性，可以看出，它們是羣體一切信念和意見的基礎。這些因素就是種族、傳統、時代、各種典章制度和教育。

現在我們就來研究一下這些不同因素的影響。

1. 種族

種族的因素必須被列在第一位，因為它本身的重要性遠遠超過其他因素。我在前一本著作中曾對它有過充分的研究，故無須再做詳細的討論。在前一本著作中，我們說明了一個歷史上的種族有甚麼特點，以及它一旦形成了自己的稟性，作為遺傳規律的結果，它便具有了這樣的力量，它的信仰、制度和藝術，總之，它文明中的一切成份，僅僅是它的氣質的外在表現。我們指出，種族的力量具有這樣的特點，沒有任何要素在從一個民族傳播給另一民族時，不會經歷深刻的變化。[2]

　　環境和各種事件代表着一時的社會暗示性因素，它們可能有相當大的影響，但這種影響如果與種族的暗示因素對立，換言之，如果它與一個民族世代繼承下來的因素相反，它便只能是暫時的。

　　我們在本書下面的一些章節裏，還會不時談及種族的影響，我們會說明，這種影響是如此強大，它決定着羣體氣質的特徵。這一事實造成的後果是，不同國家的羣體表現出相當不同的信念和行為，受到影響的方式也各不相同。

2. 傳統

　　傳統代表着過去的觀念、慾望和感情。它們是種族綜合作用的產物，並且對我們發揮着巨大影響。

　　自從胚胎學證明了過去的時間對生物進化的巨大影響以後，生物科學便發生了變化；如果這種理論更加廣為人知，歷史科學想必也會出現類似的變化。然而目前它尚未得到足夠廣泛的普及，許多政客同上個世紀的學究們相

2　這一主張仍然相當有新意。沒有它，歷史就會變得不可思議。我在自己的前一本著作（《民族演化的心理規律》）中，用四章篇幅對它進行了闡述。讀者從該書中可以看到，儘管存在着那些讓人上當的表相，不管是語言、宗教還是藝術，總之，文明中的一切要素，都不能原封不動地從一個民族轉移給另一個民族。

比，仍然高明不了多少，他們相信社會能夠和自己的過去決裂，完全遵照理性之光所指引的唯一道路前進。

民族是在歷史中形成的一個有機體，因此就像其他有機體一樣，它只能通過緩慢的遺傳積累過程發生變化。

支配着人們的是傳統，當他們形成羣體時，就更是如此。他們能夠輕易給傳統造成的變化，如我一再指出的那樣，僅僅是一些名稱和外在形式而已。

對這種狀況不必感到遺憾。脫離了傳統，不管民族氣質還是文明，都不可能存在。因此自有人類以來，他一直便有着兩大關切，一是建立某種傳統結構，二是當它有益的成果已變得破敗不堪時，努力摧毀這種傳統。沒有傳統，文明是不可能的；沒有對這些傳統的破壞，進步也是不可能的。困難——這是個極嚴重的困難——在於如何在穩定與求變之間取得平衡。如果一個民族使自己的習俗變得過於牢固，它便不會再發生變化，於是就像中國一樣，變得沒有改進能力。在這種情況下，暴力革命也沒多少用處，因為由此造成的結果，或者是打碎的鎖鏈被重新拼接在一起，讓整個過去原封不動地再現，或者是對被打碎的事物撒手不管，衰敗很快被無政府狀態所取代。

因此，對於一個民族來說，理想的狀態是保留過去的制度，只用不易察覺的方式一點一滴地改進它們。這個理想不易實現。使它變成現實的幾乎只有古羅馬人和近代英國人。

死抱着傳統觀念不放，極其頑固地反對變革傳統觀念的，正是羣體。有地產的羣體更是如此。我堅持認為羣體具有保守主義精神，並且指出，最狂暴的反叛最終也只會造成一些嘴皮子上的變化。上個世紀末，教堂被毀，僧侶們或是被驅逐出國，或是殞命於斷頭台，人們也許會想，舊日的宗教觀念已經威力盡失。但是沒過幾年，為了順應普遍的要求，遭禁的公開禮拜制度便又建立起來了。[3]

被暫時消滅的舊傳統，又恢復了昔日的影響。

沒有任何事例能更好地反映傳統對羣體心態的威力。最不受懷疑的偶像，並不住在廟堂之上，也不是宮廷裏那些最專制的暴君，轉瞬之間他們就可以被人打碎。支配着我們內心最深處的自我的，是那些看不見的主人，它可以安全地避開一切反叛，只能在數百年的時間裏被慢慢地磨損。

3　泰納引用過的前國民議會議員福科羅伊的報告，最清楚地説明了這一點：

　　"各地都可以看到保留禮拜日和上教堂的現象（法國大革命後，一週七日、週末禮拜的傳統制度曾被一度廢除——譯註），這證明多數法國人希望回到他們的老習慣上去，也證明了抗拒這種天然傾向是不合時宜的。……大多數人都需要宗教、公開的禮拜儀式和僧侶。認為有可能通過普及教育消除宗教偏見，這不過是些我本人也一度受其誤導的哲學家的謬論。宗教偏見是大量不幸的人求得安慰的來源……因此必須允許廣大民眾有他們的牧師、聖壇和公開的禮拜儀式。"

3. 時間

時間對於社會問題就像對生物學問題一樣，是最有力的因素之一。它是唯一的真正創造者，也是唯一的偉大毀滅者。積土成山要靠時間，從地質時代模糊難辨的細胞到產生出高貴的人類，靠的也是時間。數百年的作用足以改變一切固有的現象。人們正確地認為，如果螞蟻有充足的時間，它也能把勃朗克山夷為平地。如果有人掌握了隨意改變時間的魔法，他便具有了信徒賦予上帝的權力。

不過，這裏我們只來討論時間對羣體形成意見的影響。從這個角度看，它也有着巨大的作用。一些重大的要素，譬如種族，也取決於它，沒有它便無法形成。它引起一切信仰的誕生、成長和死亡。它們獲得力量靠的是時間，失去力量也是因為時間。

具體而言，羣體的意見和信念是由時間裝備起來的，或者它至少為它們準備了生長的土壤。一些觀念可實現於一個時代，卻不能實現於另一個時代，原因就在這裏。是時間把各種信仰和思想的碎屑堆積成山，從而使某個時代能夠產生出它的觀念。這些觀念的出現並不是像擲骰子一樣全憑運氣，它們都深深植根於漫長的過去。當它們開花結果時，是時間為它們做好了準備。如想瞭解它們的起源，就必須回顧既往。它們既是歷史的兒女，又是未來的母親，然而也永遠是時間的奴隸。

因此，時間是我們最可靠的主人，為了看到一切事物有何變化，應當讓它自由發揮作用。今天，面對羣眾可怕的願望以及它所預示的破壞和騷亂，我們深感不安。要想看到平衡的恢復，除了依靠時間，再無他法。拉維斯先生所言甚是："沒有哪種統治形式可以一夜之間建立起來。政治和社會組織是需要數百年才能打造出來的產物。封建制度在建立起它的典章之前，經歷了數百年毫無秩序的混亂。絕對君權也是在存在了數百年後，才找到了統治的成規。這些等待的時期是極為動盪的。"

4. 政治和社會制度

制度能夠改正社會的弊端，國家的進步是改進制度與統治帶來的結果，社會變革可以用各種命令來實現——我認為這些想法仍然受到普遍的贊同。它們是法國大革命的起點，而且目前的各種社會學說也仍然以它為基礎。

最具連續性的經驗一直未能動搖這個重大的謬見。哲學家和史學家們枉費心機地想證明它的荒謬，不過他們卻可以毫不費力地證明，各種制度是觀念、感情和習俗的產物，而觀念、感情和習俗並不會隨着改寫法典而被一併改寫。一個民族並不能隨意選擇自己的制度，就像它不能隨意選擇自己頭髮和眼睛的顏色一樣。制度和政府都是種族的產物，它們並不是某個時代的創造者，而是由這個時代所創造。對各民族的統治，不是根據他們一時的奇思怪想，而是他們的性質決定了他們要被統治。一種政治制度的形成需要上百年的時間，改造它也同樣如此。各種制度並沒有固有的優點，就它們本身而言，它們無所謂好壞。在特定的時刻對一個民族有益的制度，對另一個民族也許極為有害。

進一步說，一個民族並沒有真正改變其各種制度的能力。毫無疑問，以暴力革命為代價，它可以改變其名稱，但是其本質依然如故。名稱不過是些無用的符號，歷史學家在深入到事物的深層時，很少需要留意它們。正是因為如此，英國這個世界上最民主的國家[4]仍然生活在君主制的統治下，而經常表現得十分囂張的最具壓迫性的專制主義，卻是存在於那些原屬西班牙的美洲共和國，儘管它們都有共和制的憲法。決定着各民族命運的是它們的性格，而不是它們的政府。我曾在前一本書中，通過提出典型事例來證實這一觀點。

4　甚至最進步的美國共和主義者都承認這個事實。美國雜誌《論壇》最近典型地表達了這種看法。我從 1894 年的 12 月一期的《評論之評論》把這段話轉引如下：

　　"絕對不應忘記，即使在貴族制最熱心的敵人看來，英國也是天下最民主的國家，這個國家的個人權利受到最大的尊重，個人擁用最大的自由。"

因此，把時間浪費在炮製各種煞有介事的憲法上，就像是小孩子的把戲，是無知的修辭學家毫無用處的勞動。必要性和時間承擔着完善憲政的責任，我們最明智的做法，就是讓這兩個因素發揮作用。這就是盎格魯‧薩克遜人採用的辦法，正像他們偉大的史學家麥考利[5]在一段文字中告訴我們的，拉丁民族各國的政客們，應當由衷地學習這種方法。他指出，法律所能取得的一切好處，從純粹理性的角度看，表現出一片荒謬與矛盾，他然後又對拉丁民族一擁而上發瘋般制定出來的憲法文本與英國的憲法進行了比較。他指出，後者總是一點一滴慢慢地發生變化，影響是來自必要性，而不是來自思辯式的推理：

> "從來不考慮是否嚴謹對稱，更多地是考慮它的方便實用；從來不單純以不一致為由去消除不一致；除非感到有所不滿，絕對不加以變革；除非能夠消除這種不滿，絕對不進行革新；除了針對具體情況必須提供的條款之外，絕對不制定任何範圍更大的條款——這些原則，從約翰國王的時代直到維多利亞女王的時代，一直支配着我們二百五十屆議會，使它變得從容不迫。"

5　麥考利（Thomas Macaulay, 1800-1859），英國政治家和學者，所著四卷本《英國史》，講述 1688 年後英國君主立憲制的成長過程，對後世影響甚巨。

　　要想說明各民族的法律和各項制度在多大程度上表達着每個種族的需要，因此沒有必要對其進行粗暴的變革，就要對它們逐一進行審查。例如，對集權制的優點和缺點，可以沉溺於哲學上的考究。但是，當我們看到，一個由不同種族構成的國民用了一千年時間來維護這種集權制；當我們看到，一場目的在於摧毀過去一切制度的大革命也不得不尊重這種集權制，甚至使它進一步強化，在這種情況下，我們就該承認它是迫切需要的產物，承認它是這個民族的生存條件。對於那些奢談毀掉這種制度的政客，我們應當對他們可憐的智力水準報以憐憫。如果他們碰巧做成了這件事，他們的成功立刻會預示着一場殘酷的內戰，[6] 這又會立刻帶來一種比舊政權更具壓迫性的新的集權制度。

　　從以上所述得出的結論是，深刻影響羣體稟性的手段，不能到制度中去尋找。我們看到，有些國家，譬如美國，在民主制度下取得了高度繁榮，而另一些國家，譬如

6　對大革命時期劃分法國各政黨的一些深刻的宗教和政治分歧，尤其是有關社會問題的結論以及法德戰爭期間再次表現出來的一些分裂主義傾向做一比較，就會發現法國的不同種族還遠遠沒有融合在一起。革命時期強大的集權制和建立一些人為的部門，注定要把各個古老的省份合併在一起，這是它的一項最有益的成就。如果讓今天那些缺乏遠見的頭腦所熱衷的分權制得到實現，就會引起最血腥的混亂。忽視這個事實，等於是對法國的全部歷史視而不見。

那些西班牙人的美洲共和國，在極為相似的制度下，卻生活在可悲的混亂狀態中，這時我們就應當承認，這種制度與一個民族的偉大和另一個民族的衰敗都是不相干的。各民族是受着它們自己性格的支配，凡是與這種性格不和的模式，都不過是一件借來的外套，一種暫時的偽裝。毫無疑問，為強行建立某些制度而進行的血腥戰爭和暴力革命一直就在發生，而且還會繼續發生，人們就像對待聖人的遺骨一樣，賦予這些制度以創造幸福的超自然力量。因此從某種意義上可以說，是制度反作用於羣體的頭腦，它們才引發了這些大動盪。然而，其實並不是制度以這種方式產生了反作用，因為我們知道，不管成功或失敗，它們本身並沒有以這種方式產生反作用，因為它們本身並不具有那樣的能力。影響羣眾頭腦的是各種幻想和詞語，尤其是詞語，它們的強大一如它們的荒誕，下面我就簡單揭示一下它們令人吃驚的影響。

5. 教育

在當前這個時代的主要觀念中，首當其衝的是這樣一種觀念，即認為教育能夠使人大大改變，它會萬無一失地改造他們，甚至能夠把他們變成平等的人。這種主張被不斷地重複，僅僅這個事實就足以讓它最終成為最牢固的民主信條。如今要想擊敗這種觀念，就像過去擊敗教會一樣困難。

　　但是在這個問題上，就像在許多其他問題上一樣，民主觀念與心理學和經驗的結論有着深刻的差異。包括赫伯特·斯賓塞在內的許多傑出哲學家，已經毫不費力地證明，教育既不會使人變得更道德，也不會使他更幸福；它既不能改變他的本能，也不能改變他天生的熱情，而且有時——只要進行不良引導即可——害處遠大於好處。統計學家已經為這種觀點提供了佐證，他們告訴我們，犯罪隨着教育，至少是某種教育的普及而增加，社會的一些最壞的敵人，也是在學校獲獎者名單上有案可查的人。一位傑出的官員，阿道夫·吉約先生，在最近一本著作裏指出，目前受過教育的罪犯和文盲罪犯是 3000:1000，在 50 年的時間裏，人口中的犯罪比例從每 10 萬居民 227人上升到了 552 人，即增長了 133%。他也像他的同事一樣注意到，年輕人犯罪增長得尤其多，而人盡皆知的是，法國為了他們，已經用免費義務制教育取代了交費制。當然不能説，即使正確引導的教育，也不會造成十分有益的實際結果——誰也沒有堅持過這種主張。就算它不會提升道德水準，至少也會反映在專業技能的發展上。不幸的是，尤其在過去 25 年裏，拉丁民族把它們的教育制度建立在了十分錯誤的原則上，儘管有些最傑出的頭腦，如布呂爾、德·庫朗熱、泰納等許多人提出了意見，它們依然不思悔改。我本人在過去出版的一本書中指出，法國的教育制度把多數受過這種教育的人變成了社會的敵人，它讓無數學子加入了最惡劣的社會主義者的陣營。

這種制度——它可能很適合拉丁民族的稟性——的主要危險來自這樣一個事實，即它是以根本錯誤的心理學觀點為基礎，認為智力是通過一心學好教科書來提高的。由於採用了這種觀點，便盡可能強化許多手冊中的知識。從小學直到離開大學，一個年輕人只能死記硬背書本，他的判斷力和個人主動性從來派不上用場。受教育對於他來說就是背書和服從。

一位前公共教育部長朱勒·西蒙先生寫道："學習課程，把一種語法或一篇綱要牢記在心，重複得好，模仿也出色——這實在是一種十分可笑的教育方式，它的每項工作都是一種信仰行為，即默認教師不可能犯錯誤。這種教育的唯一結果，就是貶低自我，讓我們變得無能。"

如果這種教育僅僅是無用，人們還可以對孩子們示以同情，他們雖然沒有在小學裏從事必要的學習，畢竟被教會了一些科勞泰爾後裔的族譜、紐斯特里亞和奧斯特拉西亞[7]之間的衝突或動物分類之類的知識。但是這種制度的危險要比這嚴重得多，它使服從它的人強烈地厭惡自己的生活狀態，極想逃之夭夭。工人不想再做工人，農民不

7　紐斯特里亞和奧斯特拉西亞是中世紀墨洛溫王朝時代（6-8 世紀）由法蘭克人建立的兩個王國。

想再當農民，而大多數地位卑賤的中產階級，除了吃國家職員這碗飯以外，不想讓他們的兒子從事任何別的職業。法國的學校不是讓人為生活做好準備，而是只打算讓他們從事政府的職業，在這個行當上取得成功，無需任何必要的自我定向，或表現出哪怕一點個人的主動性。這種制度在社會等級的最底層創造了一支無產階級大軍，他們對自己的命運忿忿不平，隨時都想起來造反。在最高層，它培養出一羣輕浮的資產階級，他們既多疑又輕信，對國家抱着迷信般的信任，把它視同天道，卻又時時不忘對它表示敵意，總是把自己的過錯推給政府，離了當局的干涉，他們便一事無成。

國家用教科書製造出這麼多有文憑的人，然而它只能利用其中的一小部分，於是只好讓另一些人無事可做。因此，它只能把飯碗只給先來的，剩下的便全都成了它的敵人。從社會金字塔的最高層到最低層，從最卑賤的小秘書到教授和警察局長，有大量吹噓文憑的人在圍攻各種職位，商人想找到一個代他處理殖民地生意的人難上加難，成千上萬的人卻在謀求最平庸的官差。只在塞納一地，就有兩萬名男女教師失業，他們全都蔑視農田或工廠，只想從國家那兒討生計。被選中的人數是有限的，因此肯定有大量心懷不滿的人。他們隨時會參與任何革命，不管它的頭領是誰，也不管它有甚麼目標。可

以説，掌握一些派不上用場的知識，是讓人造反的不二
法門。⁸

顯然，迷途知返為時已晚。只有經驗這位人民最好的
老師，最終會揭示出我們的錯誤。只有它能夠證明，必須
廢除我們那些可惡的教科書和可悲的考試，代之以勤勞的
教育，它能夠勸導我們的年輕人回到田野和工廠，回到他
們今天不惜任何代價逃避的殖民地事業。

如今，一切受教育的人所需要的專業教育，就是我們
祖輩所理解的教育。在今天，憑自己意志的力量、開拓
能力和創業精神統治世界的民族中，這種教育依然強盛。
泰納先生這位偉大的思想家，在一系列著名篇章——下面
我還會引用其中一些重要段落——中清楚説明了，我們過
去的教育制度與今天英國和美國的制度大體相似。他在
對拉丁民族和盎格魯·薩克遜民族的制度進行不同尋常

---

8 然而這並不是拉丁民族所特有的一種現象，它在中國也可以看到。這
 也是一個掌握在等級森嚴的士大夫手裏的國家，就像法國一樣，在那
 裏取得官職也要經過考試，而它所檢驗的唯一內容，就是對大量典籍
 的輕鬆背誦。這支受過教育的無業大軍，在今天被視為真正的民族災
 難。同樣，自從英國人不是為了教育之外的目的，而僅僅為給當地居
 民提供教育而開放教育以來，在印度也形成了"印度紳士"（babus）這
 樣一個受過教育的特殊階層，因為得不到僱用，他們便成了英國統治
 不妥協的敵人。對於所有的"印度紳士"來説，不管有沒有職業，他們
 受到的教育的第一個結果降低了他們的道德標準。我在自己的《印度
 的文明》一書中，曾用大量篇幅來説明這一事實，而且所有造訪過這個
 大半島的作家都注意到了這個事實。

的比較時，明確指出了這兩種方式的後果。

　　也許人們在迫不得已的情況下會認為，繼續接受我們古典教育中的全部弊端，儘管它只能培養出心懷不滿和不適應自己生活狀況的人，但是向人灌輸大量膚淺的知識，不出差錯地背誦大量教科書，畢竟能夠提高智力水準。但是它真能提高這種水準嗎？不可能！生活中取得成功的條件是判斷力，是經驗，是開拓精神和個性——這些素質都不是書本能夠帶來的。教科書和字典可以是有用的參考工具，但長久把它們放在腦子裏卻沒有任何用處。

　　如何能夠讓專業教育提高智力，使它達到大大高於古典教育的水準呢？泰納先生做過出色的說明。他說：

　　　　觀念只有在它們自然而正常的環境中才能形成。促進觀念的成長，需要年輕人每天從工廠、礦山、法庭、書房、建築工地和醫院獲得大量的感官印象；他得親眼看到各種工具、材料和操作；他得與顧客、工作者和勞動者在一起，不管他們幹得是好是壞，也不管他們是賺是賠。採用這種方式，他們才能對那些從眼睛、耳朵、雙手甚至味覺中得到的各種細節，有些微不足道的理解。學習者是在不知不覺中獲得了這些細節，默默地推敲，在心中逐漸成形，並且或遲或早會產生出一些提示，讓他們着手新的組合、簡化、生意、改進或發明。而法國年輕人恰恰在最能出成果的年紀，被剝奪了所有這些寶貴的接觸、所有這些不可缺少的學習因素。因為有七八年的時間他一直被關在學校裏，切斷了一切親身體驗的機會，因此對於世間的人和事，對於控制這些人和事的各種辦法，不可能得到鮮明而準確的理解。

……十人之中，至少九個人在幾年裏把他們的時間和努力浪費掉了，而這是有效、重要，甚至是決定性的幾年。他們中間有一半甚至三分之二的人，是為了考試而活着——我這裏指的是那些被淘汰者。還有一半或三分之二成功地得到了某種學歷、證書或一紙文憑——我指的是那些超負荷工作的人。在規定的某一天，坐在一把椅子上，面對一張桌子，在連續兩小時的時間，又涉及一大堆學科，非要讓他們成為一切人類知識的活字典——這種要求是太過分了。在那一天的那兩個小時裏，他們也許正確或接近正確，但用不了一個月，他們便不再是這樣。他們不可能再通過考試。他們腦子裏那些過多的、過於沉重的所學不斷流失，且沒有新東西補充進去。他們的精神活力衰退了，他們繼續成長的能力枯竭了，一個得到充分發展的人出現了，然而他也是個筋疲力盡的人。他成家立室，落入生活的俗套，而只要落入這種俗套，他就會把自己封閉在狹隘的職業中，工作也許還算本份，但僅此而已。這就是平均收益，收入肯定不能抵消開支。而在 1789 年以前，法國就像英國或美國一樣，採用的卻是相反的辦法，由此得到的結果並無不同，甚至更好。

此後這位著名的歷史學家又向我們揭示了我們的制度與盎格魯‧薩克遜人的差別。後者並沒有我們那樣多的專業學校。他們的教育並不是建立在啃書本上，而是建立在實物教學上。例如，他們的工程師並不是在學校，而是在車間裏訓練出來的。這種辦法表明，每個人都能達到他的智力允許他達到的水準。如果他沒有進一步發展的能力，他可以成為工人或領班，如果天資不俗，他便會成為工程師。與個人前程全取決他在 19 或 20 歲時一次幾小時考試的做法相比，這種辦法更民主，對社會也更有利。

在醫院、礦山和工廠，在建築師或律師的辦公室裏，十分年輕便開始學業的學生們，按部就班地經歷他們的學徒期，非常類似於辦公室裏的律師秘書或工作室裏的藝術家。在投入實際工作之前，他也有機會接受一些一般性教育過程，因此已經準備好了一個框架，可以把他們迅速觀察到的東西儲存進去，而且他能夠利用自己在空閒時間得到的各種各樣的技能，由此逐漸同他所獲得的日常經驗協調一致。在這種制度下，實踐能力得到了發展，並且與學生的才能相適應，發展方向也符合他未來的任務和特定工作的要求，這些工作就是他今後要從事的工作。因此在英國或美國，年輕人很快便處在能夠儘量發揮自己能力的位置上。在 25 歲時——如果不缺少各種材料和部件，時間還會提前——他不但成了一個有用的工作者，甚至具備自我創業的能力；他不只是機器上的一個零件，而且是個發動機。而在制度與此相反的法國，一代又一代人越來越向中國看齊——由此造成的人力浪費是巨大的。

關於我們拉丁民族的教育制度與實踐生活不斷擴大的差距，這位偉大的哲學家得出了如下結論：

在教育的三個階段，即兒童期、少年期和青年期，如果從考試、學歷、證書和文憑的角度看，坐在學校板凳上啃理論和教科書的時間是有點長得過份了，而且負擔過重。即使僅從這個角度看，採用的辦法也糟糕透頂，它是一種違反自然的、與社會對立的制度。過多地延長實際的學徒期，我們的學校寄宿制度，人為的訓練和填鴨式教學，功課過重，不考慮以後的時代，不考慮成人的年齡和人們的職業，不考慮年輕人很快就要投身其中的現實世界，不考慮我們活動於其中、他必須加以適應或提前學會適應的社會，不考慮人類為保護自己而必須從事的鬥爭、不考慮為了站住腳跟他得提前得到裝備、武器和訓練並且意志堅強。這種不可缺少的裝備，這種最重要的學習，這種豐富的常識和意志力，我們的

學校全都沒有教給法國的年輕人。它不但遠遠沒有
讓他們獲得應付明確生存狀態的素質，反而破壞了
他這種素質。因此從他走進這個世界，踏入他的活
動領域之日起，他經常只會遇到一系列痛苦的挫折，
由此給他造成的創痛久久不能痊癒，有時甚至失去
生活能力。這種試驗既困難又危險。這個過程對精
神和道德的均衡產生了不良影響，甚至有難以恢復
之虞。十分突然而徹底的幻滅已經發生了。這種欺
騙太嚴重了，失望太強烈了。[9]

9　見 *Le Regime moderne*，vol.ii（泰納：《現代政體》，第二卷），
1894。這些段落幾乎是泰納寫下的最後文字。它們令人敬佩地體現着
這位偉大哲學家漫長的人生經驗。不幸的是，在我看來，我們那些並
沒有生活在國外的大學教授，對它們完全難以理解。教育是我們從一
定程度上影響國民心智所擁有的唯一手段。但是，幾乎沒有法國人能
夠認識到，我們目前的教育制度是造成衰敗的一個重要原因，它非但
沒有提升我們的年輕人，反而把他們變得低賤而墮落，想到這一點真
讓人痛心疾首。可以把泰納的這些話與最近保羅‧布林熱在其《海外》
（*Outre-Mer*）這本傑作中對美國教育的觀察做一比較。他也指出了我
們的教育制度只會培養頭腦狹隘、缺乏開拓精神和意志力的資產階級
或無政府主義者，他們“是兩種同樣有害的文明人，只會陷入無關痛癢
的老生常談或肆無忌憚的破壞”，然後他對我們法國的學校（公立學校）
這種製造退化的工廠和美國那種能讓人為生活做好出色準備的學校做
了一番比較，我認為這個問題太值得反思了。真正的民主國家與嘴上
自稱民主但思想糊塗的國家之間的巨大差別，通過這種比較而暴露無
遺。（布林熱（Paul Bourget,1852-1935），法國文學家，第一次世界
大戰前後是保守派文人中的代表人物。）

　　以上所言是否偏離了羣體心理學的主題？我相信並非如此。如果我們想知道今天正在羣眾中醞釀、明天就會出現的各種想法和信念，就必須對為其提供土壤的因素有所瞭解。教育能夠使一個國家的年輕人瞭解到這個國家會變成甚麼樣子。為當前這代一人提供的教育，有理由讓人灰心喪氣。在改善或惡化羣眾的頭腦方面，教育至少能發揮一部分作用。因而有必要說明，這種頭腦是如何由當前的制度培養出來的，冷漠而中立的羣眾是如何變成了一支心懷不滿的大軍，隨時打算聽從一切烏托邦分子和能言善辯者的暗示。今天，能夠找到社會主義者的地方，正是教室，為拉丁民族走向衰敗鋪平道路的，也是教室。

第二章　羣體意見的直接因素

我們剛才討論了賦予羣體心理以特定屬性，使某些感情和觀念得以發展的間接性準備因素。現在我們還得研究一下能夠直接發揮作用的因素。在下面這一章裏我們會看到，要想讓這些因素充分發揮作用，應當如何運用它們。

我們在本書的第一部分研究過集體的感情、觀念和推理方式，根據這些知識，顯然可以從影響他們心理的方法中，歸納出一些一般性原理。我們已經知道，甚麼事情會刺激羣體的想像力，也瞭解了暗示、特別是那些以形象的方式表現出來的暗示的力量和傳染過程。然而，正像暗示可以有十分不同的來源一樣，能夠對羣體心理產生影響的因素也相當不同，因此必須對它們分別給予研究。這種研究是有益的。羣體就像古代神話中的斯芬克司[1]，必須對它的心理學問題給出一個答案，不然我們就會被它毀掉。

1　古代埃及和希臘神話中的獅身人面怪獸，向過路者出一謎語（即著名的"一物出生時四足，長大後兩足，最後三足，此為何物"——人），答不出者即被牠吃掉。

1. 形象、詞語和套話

我們在研究羣體的想像力時已經看到，它特別易於被形象產生的印象所左右。這些形象不一定隨時都有，但是可以利用一些詞語或套話，巧妙地把它們啟動。經過藝術化處理之後，它們毫無疑問有着神奇的力量，能夠在羣體心中掀起最可怕的風暴，反過來說，它們也能平息風暴。因為各種詞語和套話的力量而死去的人，只用他們的屍骨，就能建造一座比古老的齊奧普斯[2]更高的金字塔。

詞語的威力與它們所喚醒的形象有關，同時又獨立於它們的真實含義。最不明確的詞語，有時反而影響最大。例如像民主、社會主義、平等、自由等等，它們的含義極為模糊，即使一大堆專著也不足以確定它們的所指。然而這區區幾個詞語的確有着神奇的威力，它們似乎是解決一切問題的靈丹妙藥。各種極不相同的潛意識中的抱負及其實現的希望，全被它們集於一身。

說理與論證戰勝不了一些詞語和套話。它們是和羣體一起隆重上市的。只要一聽到它們，人人都會肅然起敬，俯首而立。許多人把它們當作自然的力量，甚至是超自然的力量。它們在人們心中喚起宏偉壯麗的幻相，也正是它們含糊不清，使它們有了神秘的力量。它們是藏在聖壇背

2　齊奧普斯（Cheops），公元前 16 世紀埃及法老，曾建金字塔。

後的神靈，信眾只能誠慌誠恐地來到它們面前。

　　詞語喚起的形象獨立於它們的含義。這些形象因時代而異，也因民族而異。不過套話並沒有改變，有些暫時的形象是和一定的詞語聯繫在一起的：詞語就像是用來喚醒它們的電鈴按鈕。

　　並非所有的詞語和套話都有喚起形象的力量，有些詞語在一段時間裏有這種力量，但在使用過程也會失去它，不會再讓頭腦產生任何反應。這時它們就變成了空話，其主要作用是讓使用者免去思考的義務。用我們年輕時學到少量套話和常識把自己武裝起來，我們便擁有了應付生活所需要的一切，再也不必對任何事情進行思考。

　　只要研究一下某種特定的語言，就會發現它所包含的詞語在時代變遷中變化得極慢，而這些詞語所喚起的形象，或人們賦予它們的含義，卻不停地發生着變化。因此我在另一本書中得出結論說，準確地翻譯一種語言，尤其那些死亡的語言，是絕對不可能的。當我們用一句法語來取代一句拉丁語、希臘語或《聖經》裏的句子時，或者當我們打算理解一本二、三百年前用我們自己的語言寫成的書時，我們實際上是在做甚麼呢？我們不過是在用現代生活賦予我們的一些形象和觀念代替了另一些不同的形象和觀念，它們是存在於古代一些種族的頭腦中的產物，這些人的生活狀況與我們沒有任何相似之處。當大革命時的人以為自己在模仿古希臘和古羅馬人時，他們除了把從來沒有存在過的含義賦予古代的詞語之外，還能做些甚麼呢？

希臘人的制度與今天用同樣的詞語設計出來的制度有何相似之處？那時的共和國本質上是一種貴族統治的制度，是由一小撮團結一致的小暴君統治着一羣絕對服從的奴隸構成的制度。這些建立在奴隸制上的集體貴族統治，沒了這種奴隸制一天也不能存在。

"自由"這個詞也是如此。在一個從未想過思想自由的可能性，討論城邦的諸神、法典和習俗就是最嚴重最不尋常的犯罪的地方，自由的含義與我們今天賦予它的含義有何相似之處？像"祖國"這樣的詞，對於雅典人或斯巴達人來說，除了指雅典或斯巴達的城邦崇拜之外，還能有別的含義嗎？它當然不可能指由彼此征伐不斷的敵對城邦組成的全希臘。在古代高盧，"祖國"這個詞又能有甚麼含義？它是由相互敵視的部落和種族組成的，它們有着不同的語言和宗教，愷撒能夠輕易征服它們，正是因為他總是能夠從中找到自己的盟友。羅馬人締造了一個高盧人的國家，是因為他們使這個國家形成了政治和宗教上的統一。不必扯這麼遠，就拿二百年前的事來說吧，能夠認為今天法國各省對"祖國"一詞的理解，與大孔代[3]——他和外國人結盟反對自己的君主——是一樣的嗎？然而詞還是那個詞。過去跑到外國去的法國保皇黨人，他們認為自己反對法國是在恪守氣節，他們認為法國已經變節，因為封建制度的法律是把諸侯同主子而不是土地聯繫在一起的，因此有君主在，才有祖國在；可見，祖國對於他們的意義，不是與現代人大不相同嗎？

意義隨着時代的變遷而發生深刻變化的詞語比比皆是。我們對它們的理解，只能達到過去經過了漫長的努力所能達到的水準。有人曾十分正確地說，即使想正確理解"國王"和"王室"這種稱呼對我們曾祖父一輩意味着甚麼，也需要做大量的研究。更為複雜的概念會出現甚麼情況也就可想而知了。

由此可見，詞語只有變動不定的暫時含義，它隨着時代和民族的不同而不同。因此，我們若想以它們為手段去影響羣體，我們必須搞清楚某個時候羣體賦予它們的含義，而不是它們過去具有的含義，或精神狀態有所不同的個人給予它們的含義。

3　孔代 (The Great Conde, 1621-1686)，孔代姓氏為法國波旁王室的主要支系之一，此處提到的這個"大孔代"，曾發動叛亂反對王室，失利後避居西班牙。

因此，當羣體因為政治動盪或信仰變化，對某些詞語喚起的形象深感厭惡時，假如事物因為與傳統結構緊密聯繫在一起而無法改變，那麼一個真正的政治家的當務之急，就是在不傷害事物本身的同時趕緊變換説法。聰明的托克維爾很久以前就説過，執政府和帝國的具體工作就是用新的名稱把大多數過去的制度重新包裝一遍，這就是説，用新名稱代替那些能夠讓羣眾想起不利形象的名稱，因為它們的新鮮能防止這種聯想。"地租"變成了"土地稅"，"鹽賦"變成了"鹽稅"，"徭役"變成了間接攤派，商號和行會的稅款變成了執照費，如此等等。

可見，政治家最基本的任務之一，就是對流行用語，或至少對再沒有人感興趣，民眾已經不能容忍其舊名稱的事物保持警覺。名稱的威力如此強大，如果選擇得當，它足以使最可惡的事情改頭換面，變得能被民眾所接受。泰納正確地指出，雅各賓黨人正是利用了"自由"和"博愛"這種當時十分流行的説法，才能夠"建立起堪與達荷美媲美的暴政，建立起和宗教法庭相類的審判台，幹出與古墨西哥人相差無幾的人類大屠殺這種成就"。統治者的藝術，就像律師的藝術一樣，首先在於駕馭詞藻的學問。這門藝術遇到的最大困難之一，就是在同一個社會，同一個詞對於不同的社會階層往往有不同的含義，表面上看他們用詞相同，其實他們説着不同的語言。

　　在以上事例中，時間是促成詞語含義發生變化的主要因素。如果我們再考慮到種族因素，我們就會看到，在同一個時期，在教養相同但種族不同的人中間，相同的詞也經常與極不相同的觀念相對應。不是見多識廣的人，不可能理解這些差別，因此我不會糾纏在這個問題上。我只想指出，正是羣眾使用最多的那些詞，在不同的民族中有着最不相同的含義。例如今天使用如此頻繁的"民主"和"社會主義"，就屬於這種情況。

　　實際上，它們在拉丁民族和盎格魯·薩克遜民族中代表着十分對立的思想。在拉丁民族看來，"民主"更多地是指個人意志和自主權要服從於國家所代表的社會的意志和自主權。國家在日甚一日地支配着一切，集權、壟斷並製造一切。不管是激進派、社會主義者還是保皇派，一切黨派一概求助於國家。而在盎格魯·薩克遜地區，尤其是在美國，"民主"一詞卻是指個人意志的有力發展，國家要盡可能服從這一發展，除了政策、軍隊和外交關係外，它不能支配任何事情，甚至公共教育也不例外。由此可見，同一個詞，在一個民族是指個人意志和自主權的從屬性以及國家的優勢，而在另一個民族，卻是指個人意志的超常發展和國家的徹底服從。[4]

4　我在《民族演化的心理規律》一書中，普用了很長的篇幅討論拉丁民族和盎格魯·薩克遜民族在民主理想方面表現出的不同。布林熱在旅行之後，也在他的近作《海外》一書中獨立地得出了幾乎和我完全一致的結論。

2. 幻覺

自從出現文明以來，羣體便一直處在幻覺的影響之下。他們為製造幻覺的人建廟塑像，設立祭壇，超過了所有其他人。不管是過去的宗教幻覺還是現在的哲學和社會幻覺，這些牢不可破至高無上的力量，可以在我們這個星球上不斷發展的任何文明的靈魂中找到。古代巴比倫和埃及的神廟，中世紀的宗教建築，是為它們而建；一個世紀以前震撼全歐洲的一場大動盪，是為它們而發動；我們的所有政治、藝術和社會學說，全都難逃它們的強大影響。有時，人類以可怕的動亂為代價，能夠消除這些幻覺，然而他似乎注定還會讓它們死而復生。沒有它們，他不可能走出自己原始的野蠻狀態；沒有它們，他似乎很快就會重新回到這種野蠻狀態。毫無疑問，它們不過是些無用的幻影，但是這些我們夢想中的產物，卻使各民族創造出了輝煌壯麗而值得誇耀的藝術或偉大文明。

在這個問題上，使羣體形成意見的是由一些胡亂臨時拼湊起來的不同觀點，我在前面已經解釋過這種機制。當時法國的國民衛隊是由一些溫順的小店主組成的，他們的紀律極其渙散，根本不能拿他們當真。然而，冠以相似名稱的任何軍隊會使人產生同樣的聯想，因此也會被認為是無害的。當時，羣眾的這種錯誤認識也為他們的領袖所持有，在涉及到以偏蓋全的意見方面，這種情況時有發生。

奧列弗先生在最近出版的一本書中提到，一位經常追隨民意、絕不超前的政治家——這裏指梯也爾先生——在1867年12月31日的一次內閣講話中，就宣稱普魯士除了一支和法國相等的常備軍外，只擁有和法國相似的國民衛隊，因此對它不必重視。

> 如果有人毀掉那些博物館和圖書館，如果有人把教堂前石板路上那些在宗教鼓舞下建起的一切作品和藝術紀念物統統推倒，人類偉大的夢想還會留下些甚麼呢？讓人們懷抱着那些希望和幻想吧，不然他們是活不下去的。這就是存在着諸神、英雄和詩人的原因。科學承擔起這一任務已有五十年的時間，但是在渴望理想的心靈裏，科學是有所欠缺的，因為它不敢做出過於慷慨的承諾，因為它不能撒謊。[5]

上個世紀的哲學家熱情地投身於對宗教、政治和社會幻覺的破壞，我們的祖輩已在這種幻覺中生活了許多世紀。他們毀滅了這些幻覺，希望和順從的源泉也就隨之枯竭。幻想遭到扼殺之後，他們面對着盲目而無聲無息的自然力量，而它對軟弱和慈悲心腸一概無動於衷。哲學不管取得了多大進步，它迄今仍沒有給羣眾提供任何能夠讓他們着迷的理想。然而羣眾無論付出多大的代價，他們必須

5　丹尼爾・勒絮爾（Daniel Lesueur）語。

擁有自己的幻想，於是他們便像趨光的昆蟲一樣，本能地轉向那些迎合他們需要的巧舌如簧者。推動各民族演化的主要因素，永遠不是真理，而是謬誤。如今社會主義為何如此強大，原因就在於它是仍然具有活力的最後的幻想。儘管存在着一切科學證據，它依然繼續發展。它的主要力量是因為這樣一個事實，即它的鼓吹者是那些非常無視現實，因而敢於向人類承諾幸福的人。如今，這種社會主義幻覺肆虐於過去大量的廢墟之上，未來是屬於它的。羣眾從來就沒有渴望過真理，面對那些不合口味的證據，他們會拂袖而去，假如謬論對他們有誘惑力，他們更願意崇拜謬論，凡是能向他們供應幻覺的，也可以很容易地成為他們的主人，凡是讓他們幻滅的，都會成為他們的犧牲品。[6]

---

6 影響羣眾的技巧幾乎無需借助於邏輯規則，我對這種現象的第一次觀察要追溯到巴黎圍困時期。有一天，我看到一羣憤怒的人把一個將軍押到當時的政府駐地盧弗，因為他們懷疑他把設防計劃賣給了普魯士人。一位政府官員，一個非常出色的演說家，出來斥責那些要求立刻處死這名囚犯的人。我本以為，他在指出這種指控的荒謬性時，會說明這個軍官實際上就是設防人之一，並且那種計劃在每個書店裏都能買到。令我大惑不解——當時我還十分年輕——的是，他說的話完全不同。"正義會得到伸張的！"這位演說家向那個囚犯宣佈，"正義鐵面無私。讓護國政府來決定你的請求吧。其間我們會把他監禁起來。"憤怒被這種讓步所平息，人羣立刻散去。十幾分鐘後將軍便回到家裏。如果講話的人用邏輯論證去對付那羣盛怒之下的人，他必定會被立刻撕成碎片。只因我少不更事，才會認為這種論證非常令人信服。

3. 經驗

經驗幾乎是唯一能夠讓真理在羣眾心中牢固生根、讓過於危險的幻想歸於破滅的有效手段。但是為了達到這個目的，經驗必須發生在非常大的範圍，而且得一再出現。通常，一代人的經驗對下一代人是沒多少用處的。這就是一些被當作證據引用的歷史事實達不到目的的原因。它們唯一的作用就是證明了，一種廣泛的經驗即使僅僅想成功地動搖牢固地根植於羣眾頭腦中的錯誤觀點，也需要一代又一代地反覆出現。

史學家毫無疑問會把 19 世紀以及再早一些的年代當作一個充滿着奇異經驗的時代，任何時代都沒有做過如此多的試驗。

最宏偉的試驗就是法國大革命。發現一個社會有待於遵照純粹理性的指導，從上到下翻新一遍，這必然會導致數百萬人死於非命，讓歐洲在二十年裏陷入深刻的動盪。為了用經驗向我們證明，獨裁者會讓擁戴他們的民族損失慘重，需要在五十年裏來上兩次破壞性試驗。但是，雖然試驗結果明確無誤，好像仍然不那麼令人信服。第一次試驗的代價是三百萬人的性命和一次入侵，第二次試驗導致割讓領土並在事後表明了常備軍的必要性。此後幾乎還要來第三次試驗。恐怕不定哪天它肯定會發生。要想讓整個民族相信，龐大的德國軍隊並不像三十年前普遍認為

的那樣，只是一支無害的國民衛隊，就必須來上一次讓我
們損失慘重的戰爭。讓人認識到貿易保護會毀掉實行這
種制度的民族，至少需要二十年的災難性試驗。這種例子
顯然不勝枚舉。

4. 理性

　　在列舉能夠對羣眾心理產生影響的因素時，根本就沒
有必要提到理性，除非是為了指出它的影響的消極價值。

　　我們已經證明，羣體是不受推理影響的，它們只能理
解那些拼湊起來的觀念。因此，那些知道如何影響它們的
演說家，總是借助於它們的感情而不是它們的理性。邏輯
定律對羣體不起作用。讓羣體相信甚麼，首先得搞清楚讓
它們興奮的感情，並且裝出自己也有這種感情的樣子，然
後以借助於初級的聯想方式，用一些非常著名的暗示性形
象，去改變他們的看法，這樣才能夠——如果有必要的話
——再回到最初提出的觀點上來，慢慢地探明引起某種説
法的感情。這種根據講話的效果不斷改變措辭的必要性，
使一切有效的演講完全不可能事先進行準備和研究。在
這種事先準備好的演講中，演講者遵循的是自己的思路而
不是聽眾的思路，僅這一個事實就會使他不可能產生任何
影響。

　　講究邏輯的頭腦，慣於相信一系列大體嚴密的論證步驟，因此在向羣眾講話時，難免會借助於這種說服的方式，他們面對自己的論證不起作用，總是百思不得其解。有位邏輯學家寫道："通常，建立在三段論上——即建立一致性聯繫上——的數學結論是不可更改的……由於這種不可更改的性質，即使是無機物，如果它能夠遵循這種一致性聯繫的話，也會不得不表示同意。"這話說得當然不錯，然而羣體並不比無機物更能遵守這種組合，它甚至沒有理解的能力。只要嘗試一下用推理來說服原始的頭腦——例如野蠻人或兒童的頭腦——即可知道這種論說方式是多麼不值錢。

　　如想看清楚同感情對抗的理性是多麼蒼白無力，甚至不必降低到這麼原始的水準。我們只要想一下，就在幾百年前，與最簡單的邏輯也不相符的宗教迷信是多麼頑強！在接近兩千年的時間裏，最清醒的天才也不得不在它們的規矩面前俯首稱臣。只是到了現代，它們的真實性才多少受到了一些挑戰。中世紀和文藝復興時代也有不少開明之士，但沒有一個人通過理性思考，認識到自己的迷信中十分幼稚的一面，或者對魔鬼的罪行或燒死巫師的必要性表示過絲毫的懷疑。

　　羣體從來不受理性的指引，是否該對此表示遺憾？我們不必貿然稱是。毫無疑問，是幻覺引起的激情和愚頑，激勵着人類走上了文明之路，在這方面人類的理性沒有多大用處。作為支配着我們的無意識的力量的產物，這些幻覺無疑是必要的。每個種族的精神成份中都攜帶着它命運的定律，並且也許它由於一種難以抑制的衝動，只能服從這些定律，即使這種衝動顯然極不合理。有時，各民族好像被一些神秘的力量所左右，它們類似於那種使橡果長成橡樹或讓彗星在自己軌道上運行的力量。

我們若想對這些力量有一點認識，就必須研究一個民族的整個進化過程，而不是這一進化過程不時出現的一些孤立的事實。如果只考慮這些事實，歷史就會變得彷彿是一連串不可能的偶然性所造成的結果。一個加利利的木匠 [7] 似乎不可能變成一個持續兩千年之久的全能的神，使最重要的文明以他為基礎形成；一小撮從沙漠裏冒出來的阿拉伯人，似乎不太可能征服希臘羅馬世界的大部分地區並建立起比亞歷山大的領土更大的帝國；在歐洲已經十分發達、各地政權都已有了等級森嚴的制度的時代，區區一個炮兵中尉似乎也不太可能征服眾多民族及其國王。

因此，還是讓我們把理性留給哲人，不要過於強烈地堅持讓它插手對人的統治吧。一切文明的主要動力並不是理性，倒不如說，儘管存在着理性，文明的動力仍然是

7　指耶穌。其父為木匠，居於古巴勒斯坦的加利利地區。

各種感情——譬如尊嚴、自我犧牲、宗教信仰、愛國主
義以及對榮譽的愛。

第三章 羣體領袖及其説服的手法

我們現在已經瞭解了羣體的精神構成,我們也明白了能夠對他們的頭腦產生影響的力量。仍然有待研究的是,這些力量是如何發揮作用的,以及是甚麼人把它們有效地轉變成了實踐的力量。

1. 羣體的領袖

只要有一些生物聚集在一起,不管是動物還是人,都會本能地讓自己處在一個頭領的統治之下。

就人類的羣體而言,所謂的頭領,有時不過是個小頭目或煽風點火的人,但即使如此,他的作用也相當重要。他的意志是羣體形成意見並取得一致的核心。他是各色人等形成組織的第一要素,他為他們組成派別鋪平了道路。一羣人就像溫順的羊羣,沒了頭羊就會不知所措。

領袖最初往往不過是被領導者中的一員。他本人也是被一些觀念所迷惑,然後才變成了它的使徒。他對這些觀念十分着迷,以至除此之外的一切事情都消失了。在他看來,一切相反的意見都是謬論或迷信。這方面的一個例子是羅伯斯庇爾,他對盧梭的哲學觀念如醉如癡,在傳播它們時竟然採用了宗教法庭的手段。

　　我們所說的領袖，更有可能是個實幹家而非思想家。
他們並沒有頭腦敏銳和深謀遠慮的天賦，他們也不可能如
此，因為這種品質一般會讓人猶疑不決。在那些神經有毛
病的、好興奮的、半癲狂的、即處在瘋子邊緣的人中間，
尤其容易產生這種人物。不管他們堅持的觀念或追求的
目標多麼荒誕，他們的信念是如此堅定，這使得任何理性
思維對他們都不起作用。他們對別人的輕蔑和保留態度
無動於衷，或者這只會讓他們更加興奮。他們犧牲自己的
利益和家庭——犧牲自己的一切。自我保護的本能在他
們身上消失得全無蹤跡，在絕大多數情況下，他們孜孜以
求的唯一回報就是以身殉職。他們強烈的信仰使他們的
話具有極大的說服力。芸芸眾生總是願意聽從意志堅強
的人，而他也知道如何迫使他們接受自己的看法。聚集成
羣的人會完全喪失自己的意志，本能地轉向一個具備他們
所沒有的品質的人。

　　各民族從來就不缺領袖，然而，他們並非全都受着那
種適合於使徒的強烈信念的激勵。這些領袖往往熟黯巧
言令色之道，一味追求私利，用取悅於無恥的本能來說服
眾人。他們利用這種方式可能產生極大的影響，然而這只
能奏效於一時。有着狂熱的信仰，能夠打動羣眾靈魂的

人，即隱士彼得、路德、薩伏那羅拉[1]之流，以及法國大革命中的人物，他們是在自己先被一種信條搞得想入非非之後，才能夠讓別人也想入非非。這樣他們才能夠在自己信眾的靈魂裏喚起一股堅不可摧的力量，即所謂的信仰，它能讓一個人變得完全受自己的夢想奴役。

無論信仰是宗教的、政治的或社會的，也無論這信仰的物件是一本書、一個人或一種觀念，信仰的建立永遠取決於人羣中偉大領袖的作用。正是在這一點上，他們有着非常巨大的影響力。在人類所能支配的一切力量中，信仰的力量最為驚人，福音書上説，它有移山填海的力量，一點也不假。使一個人具有信仰，就是讓他強大了十倍。重大的歷史事件一直是由一些藉藉無名的信徒造成的，他們除了自己贊成的信仰之外，幾乎甚麼也不知道。傳遍全球的偉大宗教，或是從這個半球擴張到另一半球的帝國，它們之得以建立，靠的並不是學者或哲學家的幫助，更不是懷疑論者的幫助。

不過，對於以上提到的這些事情，我們所關注的是那些偉大的領袖人物，他們為數甚少，史學家很容易把他們

---

1 隱士彼得（Peter the Hermit, 1050-1115）：法國修士，創建修道院，並曾率信徒到達耶路撒冷佈道。路德（Martin Luther, 1483-1546）：德國宗教改革家，新教創始人，影響遍及整個基督教世界。薩伏那羅拉（Cirolamo Savonarola, 1452-1498）：文藝復興時期義大利著名宣教士，對當時的義大利政治和宗教生活有過重要影響。

一一清點出來。他們構成了一個連續體的頂峰，其上是些權勢顯赫的主子，下面則是一些出力的人，在煙霧繚繞的小酒館裏，他們不停地向自己同志的耳朵裏灌輸着隻言片語，慢慢地使其入迷。對於那些話的含義，他們自己也很少理解，但是根據他們的説法，只要將其付諸實行，一定會導致一切希望和夢想的實現。

在每個社會領域，從最高貴者到最低賤者，人只要一脫離孤獨狀態，立刻便處在某個領袖的影響之下。大多數人，尤其是羣眾中的大多數人，除了自己的行業之外，對任何問題都沒有清楚而合理的想法。領袖的作用就是充當他們的引路人。不過，他也可以被定期出版物所取代，雖然往往效果不佳，它們製造有利於羣眾領袖的輿論，向他們提供現成的套話，使他們不必再為説理操心。

羣眾領袖握有非常專制的權威，這種專制性當然是他們得到服從的條件。人們經常注意到，他們的權威無須任何後盾，就能輕易使工人階級中最狂暴的人聽命於自己。他們規定工時和工資比例，他們發出罷工命令，何時開始何時結束，全憑他們一聲令下。

如今，由於政府甘心受人懷疑，使自己越來越沒有力量，因此這些領袖和鼓動家正日益傾向於僭取政府的位置。這些新主子的暴政帶來的結果是，羣眾在服從他們時，要比服從政府溫馴得多。如果因為某種變故，領袖從舞台上消失，羣眾就會回到當初羣龍無首不堪一擊的狀態。在上次巴黎公共馬車僱員的罷工中，兩個指揮的領袖一被抓起來，就足以讓罷工立刻結束。在羣體的靈魂中佔上風的，並不是對自由的要求，而是當奴才的慾望。他們是如此傾向於服從，因此不管誰自稱是他們的主子，他們都會本能地表示臣服。

這些首領和煽動家可以分成明顯不同的兩類。一類包括那些充滿活力，但只一時擁有堅強意志的人。和他們相比，另一類人更為罕見，他們的意志力更持久。前一種人一身蠻勇，在領導突然決定的暴動、帶領羣眾冒死犯難、讓新兵一夜之間變成英雄這些事情中，他們特別派得上用場。第一帝國時代的內伊和繆拉就屬於這種人，在我們這個時代，加里波第也屬於這種人物 [2]，他雖一無所長，卻是個精力充沛的冒險家，他只帶領一小撮人，就能夠拿下古老的那不勒斯王國，儘管它受着一支紀律嚴明的軍隊的保護。

不過，這類領袖的活力雖是一種應予考慮的力量，它卻不能持久，很難延續到使它發揮作用的興奮事件之後。當這些英雄回到日常生活中時，就像我剛才談到的情況一

2　內伊（Michel Ney）和繆拉（Joachim Murat）均為拿破崙手下的傑出將領。加里波第（Giuseppe Garilbaldi, 1807-1882），義大利民族主義運動的著名領袖，遊擊戰專家，對義大利的統一作出過重要貢獻。

樣，他們往往暴露出最驚人的性格弱點。他們雖然能夠領
導別人，卻好像不能在最簡單的環境下思考和支配自己的
行為。他們是這樣一些領袖，在某些條件下，他們本人也
受人領導並不斷地受到刺激，總是有某個人或觀念在指引
着他們，有明確劃定的行動路線可供他們遵循，不然他們
就不能發揮自己的作用。而另一類領袖，即那些能夠持續
保持意志力的人，儘管不那麼光彩奪目，其影響力卻要大
得多。在這類人中，可以找到各種宗教和偉業的真正奠基
人，例如聖保羅、哥倫布和德‧雷賽布[3]皆是。他們或是
聰明，或是頭腦狹隘，這都無關緊要——世界是屬於他們
的。他們所具備的持久的意志力，是一種極為罕見、極為
強大的品質，它足以征服一切。強大而持久的意志能夠成
就甚麼，並不總是能夠得到充分的評價。沒有任何事情能
阻擋住它，無論自然、上帝還是人，都不能。

　　強大而持久的意志能夠造成甚麼結果，德‧雷賽布
為我們提供了一個最近的例子。他是一個把世界分成東
西兩半的人，他所成就的事業，過去三千年裏曾有最偉大
的統治者徒勞地做過嘗試。他後來敗在一項類似的事業

3　聖保羅（Saint Paul the Apostle），活動於公元 1 世紀，生卒無可考，
　　耶穌之外基督教最偉大的傳播者，《新約全書》有大量關於他的記載。
　　德‧雷賽布（Ferdinand de Lesseps, 1805-1894），法國外交官，開鑿
　　蘇伊士運河的組織者，成功後又籌劃打通巴拿馬地峽，未成。勒龐在
　　下文還多次談到他。

上，但那是因為他年事已高的緣故，包括意志在內的一切
事情，都會在衰老面前屈服的。

　若想說明單憑意志的力量能夠完成甚麼事業，只須仔
細想一下與開鑿蘇伊士運河時必須克服的困難有關的歷
史記載即可。一位見證人用令人印象深刻的寥寥數語，記
錄下了這項偉大工程的作者所講述的整個故事：

　　　日復一日，不管遇到甚麼事情，他都在講着那
　個關於運河的驚人故事。他講述他所戰勝的一切、
　他如何把不可能變為可能、他遇到的一切反對意見、
　與他作對的所有聯盟，他經歷的所有失望、逆境和
　失敗，都沒能讓他灰心喪氣。他追憶英國如何打擊
　他、法國和埃及如何遲疑不決、工程初期法國領事
　館如何首當其衝反對他，以及他所遇到的反對，有
　人試圖用拒絕供應飲水，使他的工人因口渴而逃跑。
　他還談到，海軍部長和工程師、一切富有經驗、受
　過科學訓練並且有負責心的人，全都自然而然變成
　了他的敵人，他們全都站在科學立場上，斷定災難
　就在眼前，預言它正在逼近，並且計算出它會在某
　日某時發生，就像預測日蝕一樣。

　涉及所有這些偉大領袖生平的書，不會包含太多的人
名，但是這些名字卻同文明史上最重大的事件聯繫在一
起。

2. 領袖的動員手段：斷言、重複和傳染

如果想在很短的時間裏激發起羣體的熱情，讓他們採取任何性質的行動，譬如掠奪宮殿、誓死守衛要塞或陣地，就必須讓羣體對暗示做出迅速的反應，其中效果最大的就是榜樣。不過為了達到這個目的，羣體應當在事前就有一些環境上的準備，尤其是希望影響他們的人應具備某種品質，對於這種有待於做深入研究的品質，我稱之為名望。

但是，當領袖們打算用觀念和信念——例如利用現代的各種社會學說——影響羣體的頭腦時，他們所借助的手段各有不同。其中有三種手段最為重要，也十分明確，即斷言法、重複法和傳染法。它們的作用有些緩慢，然而一旦生效，卻有持久的效果。

做出簡潔有力的斷言，不理睬任何推理和證據，是讓某種觀念進入羣眾頭腦最可靠的辦法之一。一個斷言越是簡單明瞭，證據和證明看上去越貧乏，它就越有威力。一切時代的宗教書和各種法典，總是訴諸於簡單的斷言。號召人們起來捍衛某項政治事業的政客，利用廣告手段推銷產品的商人，全都深知斷言的價值。

但是，如果沒有不斷地重複斷言——而且要盡可能措辭不變——它仍不會產生真正的影響。我相信拿破崙曾經說過，極為重要的修辭法只有一個，那就是重複。得到

斷言的事情，是通過不斷重複才在頭腦中生根，並且這種方式最終能夠使人把它當作得到證實的真理接受下來。

只要看一看重複對最開明的頭腦所發揮的力量，就可以理解它對羣體的影響。這種力量是來自這樣一個事實，即從長遠看，不斷重複的說法會進入我們無意識的自我的深層區域，而我們的行為動機正是在這裏形成的。到了一定的時候，我們會忘記誰是那個不斷被重複的主張的作者，我們最終會對它深信不移。廣告所以有令人吃驚的威力，原因就在這裏。如果我們成百上千次讀到，X牌巧克力是最棒的巧克力，我們就會以為自己聽到四面八方都在這樣說，最終我們會確信事實就是如此。如果我們成百上千次讀到，Y牌藥粉治好了身患頑症的最知名的人士，一旦我們患上了類似的疾病，我們終究會忍不住也去試用一下。如果我們總是在同一家報紙上讀到張三是個臭名昭著的流氓，李四是最誠實老實的人，我們最終會相信事實就是如此，除非我們再去讀一家觀點相反，把他們的品質完全顛倒過來的報紙。把斷言和重複分開使用，它們各自都具備足夠強大的力量相互拼殺一番。

如果一個斷言得到了有效的重複，在這種重複中再也不存在異議，就像在一些著名的金融項目中，富豪足以收買所有參與者一樣，此時就會形成所謂的流行意見，強大的傳染過程於此啟動。各種觀念、感情、情緒和信念，在羣眾中都具有和微生物一樣強大的傳染力。這是一種十分自然的現象，因為甚至在聚集成羣的動物中，也可以看到這種現象。馬廄裏有一匹馬啃咬食槽，另一些馬也會起而效尤；幾隻羊感到驚恐，很快也會蔓延到整個羊羣。在聚集成羣的人中間，所有情緒也會迅速傳染，這解釋了恐慌的突發性。頭腦混亂就像瘋狂一樣，它本身也是易於傳染的。在自己是瘋病專家的醫生中間，不時有人會變成瘋子，這已是廣為人知的事情。當然，最近有人提到一些瘋病，例如廣場恐怖症，也能由人傳染給動物。每個人都同時處在同一個地點，並不是他們受到傳染不可或缺的條件。有些事件能讓所有的頭腦產生一種獨特的傾向以及一種羣體所特有的性格，在這種事件的影響下，地處遙遠的人也能感受到傳染的力量。當人們在心理上已經有所準備，受到了我前面研究過的一些間接因素的影響時，情況尤其如此。這方面的一個事例是 1848 年的革命運動，它在巴黎爆發後，便迅速傳遍大半個歐洲，使一些王權搖搖欲墜。

很多影響要歸因於模仿，其實這不過是傳染造成的結果。我在另一本著作中對它的影響已經做過說明，因此這裏我只想抄一段 15 年前我就這一問題說過的話。下面引述的觀點已由另一些作者在最近的出版物中做了進一步的闡發。

　　人就像動物一樣有着模仿的天性。模仿對他來說是必然的，因為模仿總是一件很容易的事情。正是因為這種必然性，才使所謂時尚的力量如此強大。無論是意見、觀念、文學作品甚至服裝，有幾個人有足夠的勇氣與時尚作對？支配着大眾的是榜樣，不是論證。每個時期都有少數個人同其他人作對並受到無意識的羣眾的模仿，但是這些有個性的人不能過於明目張膽地反對公認的觀念。他們要是這樣做的話，會使模仿他們變得過於困難，他們的影響也就無從談起。正是由於這個原因，過於超前於自己時代的人，一般不會對它產生影響。這是因為兩者過於界線分明。也是由於這個原因，歐洲人的文明儘管優點多多，他們對東方民族卻只有微不足道的影響，因為兩者之間的差別實在是太大了。

　　歷史與模仿的雙重作用，從長遠看，會使同一個國家、同一個時代的一切人十分相似，甚至那些好像堅決不受這種雙重影響的個人，如哲學家、博學之士和文人，他們的思想和風格也散發着一種相似的氣息，使他們所屬的時代立刻就能被辨認出來。如想全面瞭解一個人讀甚麼書，他有甚麼消遣的習慣，他生活於其中的環境，並沒有必要同他做長時間的交談。[4]

4　勒龐：《人及其社會》(*L'Homme et les Societes*, 1881) 卷 2，116 頁。

　　傳染的威力甚大，它不但能迫使個人接受某些意見，而且能讓他接受一些感情模式。傳染是一些著作在某個時期受到蔑視——可以拿《唐豪塞》[5]為例——的原因，就在幾年後，出於同樣的原因，那些持批評態度的人，又會對它們大加讚賞。

　　羣體的意見和信念尤其會因為傳染、但絕不會因為推理而得到普及。目前流行於工人階級中的學說，是他們在公共場所學到的，這是斷言、重複和傳染的成果。當然，每個時代創立羣眾信仰的方式，也大都如出一轍。勒南[6]就曾正確地把基督教最早的創立者比作"從一個公共場合到另一個公共場合傳播觀念的社會主義工人"；伏爾泰在談到基督教時也注意到，"在一百多年裏，接受它的只有一些最惡劣的敗類"。

　　應當指出，與我前面提到的情況相似，傳染在作用於廣大民眾之後，也會擴散到社會的上層。今天我們看到，社會主義信條就出現了這種現象，它正在被那些會成為它首批犧牲者的人所接受。傳染的威力是如此巨大，在它的

5　唐豪塞（Tannhauser）是 13 世紀的一名德國詩人，後成為民間傳說中的人物。此處應指瓦格納的歌劇《唐豪塞》，上演於 1845 年。

6　勒南（Ernest Renan, 1823-1892）：19 世紀法國思想家，對哲學、宗教和史學有深入研究。一生致力於以人文主義立場緩和科學和宗教之間的衝突，著作有《耶穌傳》、《道德和批判文集》、《法國的君主立憲制》等。

作用下，甚至個人利益的意識也會消失得無影無蹤。

由此解釋了一個事實：得到民眾接受的每一種觀念，最終總是會以其強大的力量在社會的最上層扎根，不管獲勝意見的荒謬性是多麼顯而易見。社會下層對社會上層的這種反作用是個更為奇特的現象，因為羣眾的信念多多少少總是起源於一種更高深的觀念，而它在自己的誕生地往往一直沒有甚麼影響。領袖和鼓動家被這種更高深的觀念征服以後，就會把它取為己用，對它進行歪曲，組織起使它再次受到歪曲的宗派，然後在羣眾中加以傳播，而他們會使這個篡改過程更上一層樓。觀念變成大眾的真理，它就會回到自己的發源地，對一個民族的上層產生影響。從長遠看是智力在塑造着世界的命運，但這種作用十分間接。當哲學家的思想通過我所描述的這個過程終於大獲全勝時，提出觀念的哲人們早已化為塵土。

3. 名望

利用斷言、重複和傳染進行普及的觀念，因環境而獲得了巨大的威力，這時它們就會具有一種神奇的力量，即所謂的名望。

世界上不管甚麼樣的統治力量，無論它是觀念還是人，其權力得到加強，主要都是利用了一種難以抗拒的力量，它的名稱就是"名望"。每個人都瞭解這個詞的含義，但是其用法卻十分不同，因此不易做出定義。名望所涉及到的感情，即可以是讚賞，也可能是畏懼。有時這些感情是它的基礎，但是沒有它們它也完全能夠存在。最大的名望歸死人所有，即那些我們不再懼怕的人，例如亞歷山大、愷撒、穆哈默德和佛祖。此外還有一些我們並不讚賞的虛構的存在——印度地下神廟中那些可怕的神靈，但是它們因為具有名望而讓我們害怕。

在現實中，名望是某個人、某本著作或某種觀念對我們頭腦的支配力。這種支配會完全麻痹我們的批判能力，讓我們心中充滿驚奇和敬畏。這種感覺就像所有感情一樣難以理解，不過它好像與魅力人物所引起的幻覺沒有甚麼不同。名望是一切權力的主因。不管神仙、國王還是美女，缺了它一概沒戲。

形形色色的名望總括起來可以分為兩大類：先天的名望和個人名望。先天的名望來自稱號、財富和名譽。它可以獨立於個人的名望。相反，個人名望基本上為一個人所特有，它可以和名譽、榮耀、財富共存，或由此得到加強，不過沒有這些東西，它也完全能夠存在。

後天獲得的或人為的名望更為常見。一個人佔據着某種位置、擁有一定的財富或頭銜，僅僅這些事實，就能使他享有名望，不管他本人多麼沒有價值。一身戎裝的士兵、身着法袍的法官，總會令人肅然起敬。巴斯卡[7]十分正確地指出，法袍和假髮是法官必不可少的行頭。沒了這些東西，他們的權威就會損失一半。即使是最狂放不羈的社會主義者，王公爵爺的形象對他也多少總會有所觸動。擁有這種頭銜會使剝奪生意人變得輕而易舉。[8]

　　以上所說的這種名望，是由人來體現的，在這些名望之側，還有一些名望體現在各種意見、文學和藝術作品等事物中。後者的名望往往只是長年累月重複的結果。歷史，尤其是文學和藝術的歷史，不過就是在不斷地重複一

7　巴斯卡（Blaise Pascal, 1623-1662）：法國思想家，在數學、物理、神學和文學上都有重要貢獻。

8　各國都可以看到頭銜、勳章和軍裝對大眾的影響，甚至個人獨立意識最發達的國家也不例外。我在這裏引用一段最近一本遊記裏的話，它記述了英國的大人物們所享有的名望：
　"在許多場合我都看到，即使最理智的英國人，也會因為同一個英國貴族沾親帶故或因為看到了他而興奮不已。"
　"如果他的財產能夠使他保持自己的身份，他事先便可斷定他們會愛戴他；只要能與他交往，他們會心甘情願地把自己的一切都交到他手裏。看得出來，當他露面時，他們高興得臉上泛紅；如果他向他們說話，抑制不住的愉快會讓他們面紅耳赤，眼睛裏閃爍着不同尋常的光芒。這麼說吧，他們的血液裏就流淌着對貴族的崇敬，正像西班牙人熱愛舞蹈、德國人熱愛音樂、法國人喜歡革命一樣。他們對駿馬和莎士比亞的熱情不是十分強烈，這些東西帶給他們的滿足和驕傲也算不上他們生活不可分割的一部分。講述貴族的書銷路相當不錯，任何地方都可以看到它們，就像人手一冊的《聖經》。"

些判斷。誰也不想證實這些判斷，每個人最後都會重複他從學校裏學到的東西，直到出現一些再沒人敢於說三道四的稱號和事物。對於一個現代讀者來說，研讀荷馬肯定是極令人生厭的事，然而誰敢這麼說？巴台農神廟[9]按其現存的狀態，不過是一堆非常沒有意思的破敗廢墟，但是它的巨大名望卻使它看起來不是那個樣子，而是與所有的歷史記憶聯繫在一起。名望的特點就是阻止我們看到事物的本來面目，讓我們的判斷力徹底麻木。羣眾就像個人一樣，總是需要對一切事情有現成的意見。這些意見的普遍性與它們是對是錯全無關係，它們只受制於名望。

　　現在我來談談個人的名望。它的性質非常不同於我剛才說過的那些人為的或先天的名望。這是一種與一切頭銜和權力無關的品質，而且只為極少數人所具備，它能使他們對自己周圍的人施以真正神奇的幻術，即使這些人與他們有着平等的社會地位，而且他們也不具備任何平常的統治手段。他們強迫周圍的人接受他們的思想與感情，眾人對他的服從，就像吃人易如翻掌的動物服從馴獸師一般。

　　偉大的羣眾領袖，如佛祖、耶穌、穆哈默德、聖女貞德和拿破崙，都享有這種極高的名望，他們所取得的地位

9　巴台農神廟（the Parthenon）：雅典衛城的主要建築之一，17 世紀毀於戰火。

也同這種名望特別有關。各路神仙、英雄豪傑和各種教義，能夠在這個世界上大行其道，都是因為各有其深入人心的力量。當然，對這些人和教義是不能探討的，只要一探究，它們便煙消雲散。

我提到的這些人在成名之前，早就具備一種神奇的力量，沒有這種力量他們也不可能成名。譬如說，達到榮耀巔峰時的拿破崙，僅僅因為他的權力這一事實，就享有巨大的名望，但是在他沒有這種權力，仍然籍籍無名時，他就已經部分地具備了這種名望。當他還是個名不見經傳的將軍時，多虧了那些有權勢者要保護自己，他被派去指揮義大利的軍隊。他發現自己處在一羣憤怒的將軍中間，他們一心要給這個總督派來的年輕外來戶一點顏色瞧瞧。從一開始，從第一次會面時起，他沒有借助於任何語言、姿態或威脅，一看到這個就要變成大人物的人，他們就被他征服了。泰納利用當時的回憶錄，對這次會面做了引人入勝的說明：

　　師部的將軍中間包括奧熱羅，一個一身蠻勇的
赳赳武夫，他為自己的高大身材和驃悍而洋洋自得。
他來到軍營，對巴黎派給他們的那個暴發戶一肚子
怒氣。對於他們得到的有關此人如何強大的描述，
奧熱羅打算粗暴地不予理睬：一個巴拉斯的寵兒，
一個因旺代事件[10]而得到將軍頭銜的人，他在學校裏
的成績就是街頭鬥毆，相貌不佳，有着數學家和夢
想家的美名。他們被帶來了，波拿巴讓他們等在外
邊。他終於佩帶着自己的劍出現在他們面前。他帶
上帽子，說明了他採取的措施，下達命令，然後讓
他們離開。奧熱羅一直沉默不語。直到出門後他才
重新找回了自信，讓自己能夠像通常那樣罵罵咧咧
地說話。他同意馬塞納的看法，這個小個子魔鬼將
軍讓他感到敬畏，他搞不懂那種一下子就把他壓倒
的氣勢。

---

10 巴拉斯（Paul Barras,1755-1829）：法國大革命時的政治家，貴族出
　身，是最早賞識拿破崙的人之一。旺代事件指 1793 年後發生在法國
　旺代地區的反革命叛亂。下面提到的馬塞納（Andre Massena），也是
　拿破崙的主要將領之一。

　　變成大人物後，拿破崙的名望與他的榮耀同步增長，至少在他的追隨者眼裏，他和神靈的名望已不相上下。旺達姆將軍，一個粗漢、大革命時代的典型軍人，甚至比奧熱羅更粗野，1815 年，在與阿納諾元帥一起登上杜伊勒利宮的樓梯時，他對元帥談到了拿破崙："那個魔鬼般的人物對我施用的幻術，我自己也搞不懂為何如此厲害，我既不怕神，也不怕鬼，但一看到他，我就像個小孩子一樣禁不住打顫。他簡直能夠讓我鑽進針眼，投身火海。"

　　拿破崙對和他接觸過的所有人，都能產生這種神奇的影響。[11] 達武在談到馬雷 [12] 和他本人的奉獻精神時說："如果皇帝對我們說，'毀滅巴黎，不讓一個人活着或跑掉，這對於我的政策至關重要'，我相信馬雷是會為他保密

---

11 拿破崙完全意識到了自己的名望，他知道，如果他把自己身邊的人看得還不如馬夫，他的名望就會更上一層樓。這些人中包括國民議會裏的一些令歐洲心驚膽戰的顯赫人物。當時的許多閒談都可說明這一事實。在一次國務會議上，拿破崙就曾粗暴地羞辱過伯格諾，其無禮就像對待一個男僕。發生效果後，他走到這人面前說："喂，笨蛋，你找到腦子了嗎？"伯格諾，一個如鼓手長一般高大的人，深深地躬着腰。那個小個子伸手揪住大個子的耳朵，把他提了起來。"這是令人心醉的寵信的表示"，伯格諾寫道，"這是主人發怒時常見的親昵舉動。"這些事例可以使人清楚的認識到，名望能夠產生多麼無恥的陳詞濫調。它也能夠使我們看到大暴君對其嘍囉們極為輕蔑的態度——他只把他們看作"炮灰"。

12 達武（Louis-Nicolas Davout），拿破崙的名將之一。馬雷（Hugues-Bernard Maret），先後擔任過拿破崙的國務秘書和外交大臣等要職。

的，不過他還不至於頑固到不想讓自己的家人離開這座城市。而我會因為擔心洩露真情，把我的妻兒留在家裏。"

必須記住這種命令讓人神魂顛倒的驚人力量，才能夠理解他從厄爾巴島返回法國的壯舉——他孤身一人，面對一個對他的暴政想必已感到厭倦的大國的全部武裝，卻能閃電般地征服整個法國。他只須看一眼那些派來阻擋他、曾發誓要完成自己使命的將軍們，他們沒做任何商量便屈服了。

英國將軍吳士禮寫道："拿破崙，一個來自他的王國厄爾巴小島的逃犯，幾乎是孤身一人在法國登陸，兵不血刃，幾週之內便把合法國王統治下的法國權力組織統統推翻。想證明一個人的權勢，還有比這更驚人的方式嗎？在他的這場最後戰役中，從頭至尾，他以令人驚歎的氣勢壓倒了同盟國！他們讓他牽着鼻子走，他差一點就打敗他們！"

他的名望長於他的壽命，而且有增無減。他的名望讓他的一個籍籍無名的姪子變成了皇帝。直到今天他的傳奇故事仍然不絕於耳，足見對他的懷念是多麼強烈。隨心所欲地迫害人，為了一次次的征伐，就讓數百萬人死於非命——只要你有足夠的名望和付諸實施的天才，人們就會允許你這樣做。

不錯，我所談的都是名望的一些極不尋常的例子。但是為了瞭解那些偉大的宗教、偉大的學說和偉大的帝國的起源，提提這些事例是有好處的。沒有這種名望對羣眾的影響，這些發展就會成為不可思議的事情。

但是，名望並不是完全以個人的權勢、軍事業績或宗教敬畏為基礎。它可以有較為平庸的來源，其力量也相當可觀。我們這個世紀便提供了若干實例。能夠讓後人世代不忘的最驚人的事例之一，是那個把大陸一分為二，改變了地球面貌和通商關係的著名人物的故事。他完成了自己的壯舉，是因為他有強大的意志，也因為他能讓自己周圍的人着迷。為了克服他遇到的無數反對，他只讓自己的表現説話。他言語簡潔，他的魅力可以化敵為友。英國人反對他的計劃尤其賣力，但是他一出現在英國，就把所有選票都爭取到了自己一邊；晚年他路過南安普頓時，一路上教堂鐘聲不斷；如今又有一場運動在英國展開，要為他樹立一座塑像。

征服了必須征服的一切——人和事、沼澤、岩石、沙地——之後，他不再相信還有甚麼事情能擋得住他，他想在巴拿馬再挖一條蘇伊士運河。他按老辦法着手這項工程，但是他已上了年紀。此外，雖有移山填海的信念，如果那山過於高大，也是沒辦法移動的。山會進行抵抗，後來發生的災難，也抹去了這位英雄身上耀眼的光環。他的一生説明了名望如何出現，也説明了它如何消失。 在成就了足以同歷史上最偉大的英雄媲美的業績之後，他卻被自己家鄉的官僚打入最下賤的罪犯之流。他去世時沒人留意，靈柩經過處，是一羣無動於衷的民眾。只有外國政府像對待歷史上每個最偉大的人一樣，懷着敬意對他表示紀念。[13]

　　上面提到的這些事仍然屬於極端的例子。要想對名

---

13 一家奧地利報紙，維也納的《新自由報》用很長的篇幅談論了雷賽布的命運，其中的思考堪稱最卓越的心理學見識，因此我把它轉引如下：
"在費迪南・德・雷賽布受到指控後，人們無權再對哥倫布的可悲下場表示驚訝。如果雷賽布是個騙子，那麼一切高貴的幻想便都成了犯罪。古人會用榮耀的光環來紀念他，會讓他飲下奧林匹克的甘露，因為他改變了地球的面貌，完成了使萬物更加完美的任務。上訴法院的首席法官因為指控費迪南・德・雷賽布而成了不朽的人物，因為各民族總是需要一些人，他們不害怕把罪犯的帽子扣在一位老人頭上——他的一生為當代人增光——以此貶低自己的時代。"
"在資產階級憎恨大膽創舉的地方，再也不要談論甚麼不可動搖的正義的未來！民族需要勇士，他們充滿自信，克服了所有的障礙，不在乎個人的安危。天才不可能謹小慎微，一味謹小慎微，是絕對不可能擴大人類的活動範圍的。"
"……費迪南・德・雷賽布知道凱旋的狂喜與挫折的創痛——蘇伊士和巴拿馬。在這一點上，這顆心對成功的道德進行了反叛。當雷賽布成功地貫通了兩個海洋時，國王和人民向他致敬；如今，當他敗在科迪雷拉斯的岩石面前時，他不過是個毫無教養的騙子。……從這種結局中我們看到了社會各階級之間的戰爭，看到了資產階級和僱主們的不滿，他們借助於刑法，對那些在其同胞中出類拔萃的人施以報復，在面對人類天才高遠的理想時，現代立法者心裏充滿窘迫，而公眾對這些理想也不甚理解。一個大律師不難證明，斯坦利（比利時著名探險家）是個瘋子，德・雷賽布也是個騙子。"

望的心理學有細緻的認識，把它們置於一系列事例中的極端是必要的。這個系列的一端是宗教和帝國的創立者，另一端則是用一頂新帽子或一件新服飾向鄰居炫耀的人。

在這一系列事例的兩極之間，文明中的各種不同因素——科學、藝術、文學等等——所導致的一切不同形式的名望，都有一席之地，並且可以看到，名望是説服羣眾的一個基本因素。享有名望的人、觀念或物品，會在傳染的作用下，立刻受到人們自覺不自覺的模仿，使整整一代人接受某些感情或表達思想的模式。進一步説，這種模仿通常是不自覺的，這解釋了它的徹底性這一事實。臨摹某些原始人的單調色彩和僵硬姿態的現代畫家，很少能夠比他們靈感的來源更有生命力。他們相信自己的真誠，但若是沒有哪個傑出的大師復活了這種藝術形式，人們便會一直只看到他們幼稚低級的一面。那些模仿另一位著名大師的藝術家，在他們的畫布上塗滿了紫羅蘭色的暗影，但是他們在自然界並沒有看到比 50 年前更多的紫羅蘭。他們是受了另一位畫家的個性和特殊印象的影響，即受到了他的"暗示"，而這位畫家儘管古怪，卻成功地獲得了巨大的名望。在文明的所有因素中，都可以舉出類似的例子。

由以上論述可知，名望的產生與若干因素有關，而其中成功永遠是最重要的一個因素。每個成功者，每個得到承認的觀念，僅僅因為成功這一事實，便不再受到人們的懷疑。成功是通向名望的主要台階，其證據就是成功一旦消失，名望幾乎也總是隨之消失。昨天受羣眾擁戴的英雄一旦失敗，今天就會受到侮辱。當然，名望越高，反應也會越強烈。在這種情況下，羣眾會把末路英雄視為自己的同類，為自己曾向一個已不復存在的權威低頭哈腰而進行報復。當年羅伯斯庇爾把自己的同夥和大量的人處死時，他享有巨大的名望。當幾張選票的轉移剝奪了他的權力時，他便立刻失去了名望，羣眾齊聲咒罵着把他送上了斷頭台，正像不久前對待他的犧牲品一樣。信徒們總是窮兇極惡地打碎他們以前神靈的塑像。

　　缺少成功的名望，會在很短的時間裏消失。不過它也可以在探討中受到磨蝕，只是時間要更長一些。不管怎麼說，探討的力量是極為可靠的。當名望變在問題時，便不再是名望。能夠長期保持名望的神與人，對探討都毫不寬容。為了讓羣眾敬仰，必須同它保持距離。

第四章 羣體的信念和意見的變化範圍

1. 牢固的信念

生物的解剖學特徵和心理特徵有着密切的相似之處。在這些解剖學特徵中，會看到一些不易改變或只有輕微改變的因素，它們的改變需要以地質年代來計算。除了這些穩定的、不可摧毀的特徵之外，也可以看到一些極易變化的特徵，如利用畜牧和園藝技術很容易就能加以改變的特徵，有時它們甚至會使觀察者看不到那些基本特徵。

在道德特徵上也可以看到同樣的現象。一個種族除了有不可變的心理特徵外，也能看到它有一些可變因素。因此在研究一個民族的信仰和意見時，在一個牢固的基礎結構之上，總是可以觀察到有一些連接在上面的意見，其多變一如岩石上的流沙。

因此，羣體的意見和信念可以分成非常不同的兩類。一方面我們有重要而持久的信仰，它們能夠數百年保持不變，整個文明也許就是以它為基礎。例如過去的封建主義、基督教和新教，在我們這個時代則有民族主義原則和當代的民主和社會主義觀念。其次是一些短暫而易變的意見，它們通常是每個時代生生滅滅的一些普遍學說的產物，這方面的例子有影響文學藝術的各種理論，例如那些產生了浪漫主義、自然主義或神秘主義的理論。這些意見通常都是表面的，就像時尚一樣多變。它們類似於一池深水的表面不斷出現和消失的漣漪。

偉大的普遍信仰數量十分有限。它們的興衰是每一個文明種族的歷史上令人矚目的事件。它們構成了文明的真正基礎。

用一時的意見影響羣眾的頭腦不難，想讓一種信仰在其中長久扎根卻極為不易。不過，一旦這種信念得到確立，要想根除它也同樣困難。通常只有用暴力革命才能對它們進行革新。甚至當信念對人們的頭腦幾乎已完全失去控制力時，也要借助於革命。在這種情況下，革命的作用是對幾乎已經被人拋棄的東西做最後的清理，因為習慣勢力阻礙着人們完全放棄它們。一場革命的開始，其實就是一種信念的末日。

一種信念開始衰亡的確切時刻很容易辨認——這就是它的價值開始受到置疑的時刻。一切普遍信念不過是一種虛構，它唯一的生存條件就是它不能受到審察。

不過，即使當一種信念已經搖搖欲墜時，根據它建立起來的制度仍會保持其力量，消失得十分緩慢。最後，當信念的餘威盡失時，建立於其上的一切很快也會開始衰亡。迄今為止，沒有哪個民族能夠在沒有下決心破壞其全部文明因素的情況下轉變它的信仰。這個民族會繼續這一轉變過程，直到停下腳步接受一種新的普遍信念為止，在此之前它會一直處在一種無政府狀態中。普遍信念是文明不可缺少的柱石，它們決定着各種思想傾向。只有它們能夠激發信仰並形成責任意識。

各民族一直清楚獲得普遍信念的好處，它們本能地知道，這種信念的消失是它們衰敗的信號。使羅馬人能夠征服世界的信念，是他們對羅馬的狂熱崇拜；當這種信念壽終正寢時，羅馬也注定衰亡。至於那些毀滅了羅馬文明的野蠻人，只有當他們具備某種共同接受的信念，使他們取得了一定的團結，擺脫了無政府狀態時，才能做到這一點。

各民族在捍衛自己意見時，總是表現出不寬容的態度，這顯然事出有因。這種對哲學批判表現出來的不寬容態度，代表着一個民族生命中最必要的品質。在中世紀，正是為了尋求或堅持普遍信仰，才有那麼多發明創新者被送上火刑柱，即或他們逃脫了殉道，也難免死於絕望。也正是為了捍衛這些信念，世界上才經常上演一幕幕最可怕的混亂，才有成千上萬的人戰死沙場或將要死在那裏。

建立普遍信念的道路可謂困難重重，不過一旦它站穩了腳跟，它便會長期具有不可征服的力量，無論從哲學上看它多麼荒謬，它都會進入最清醒的頭腦。在長達一千五百年的時間裏，歐洲各民族不是一直認為，那些像莫洛克神一樣野蠻[1]的宗教神話是不容爭議的嗎？有個上帝因為他自己創造出來的動物不聽話，便進行自我報復，讓其兒子承受可怕的酷刑，在十多個世紀裏，居然一直沒人認識到這種神話荒謬至極。有過人天賦者，如伽利略、如牛頓、如萊布尼茨，一刻也沒有想到過這種説教的真實性值得懷疑。普遍信仰有催眠作用，沒有任何事情比這個事實更典型，也沒有任何事情能更確切地表明，我們的理智有着令人汗顏的局限性。

新的教條一旦在羣體的頭腦中生根，就會成為鼓舞人心的源泉，它由此會發展出各種制度、藝術和生活方式。在這種環境之下，它對人們實行着絕對的控制。實幹家一心要讓這種普遍接受的信仰變成現實，立法者一心想把它付諸實行，哲學家、藝術家和文人全都醉心於如何以各種不同的方式表現它，除此之外再無他想。

從基本信念中可以派生出一些短暫的觀念，然而它們總是具有那些信念賦予它們的印記。埃及文明，中世紀的歐洲文明，阿拉伯地區的穆斯林文明，都是寥寥幾種宗教

1　我只是從哲學意義上説它野蠻。其實它創造出了一種全新的文明，使人類在一千五百年裏窺見到了大量迷人的夢境和希望，他們並不想知道得更多。（莫洛克神 [Moloch] 為古代地中海東部地區崇拜的神靈，對他的祭拜有以兒童為犧牲的習俗。——譯註）

信仰的產物，這些文明中即使最微不足道的事物，也都留下了它們一眼就能辨認出來的印記。

因此，幸虧有這些普遍信念，每個時代的人都是在一個由相似的傳統、意見和習慣組成的基本環境中成長，他們不能擺脫這些東西的桎梏。人的行為首先是受他們的信念支配，也受由這些信念所形成的習慣支配。這些信念調整着我們生活中最無足輕重的行動，最具獨立性的精神也擺脫不了它們的影響。在不知不覺中支配着人們頭腦的暴政，是唯一真正的暴政，因為你無法同它作戰。不錯，提比略[2]、成吉思汗和拿破崙都是可怕的暴君，但是躺在墳墓深處的摩西、佛祖、耶穌和穆哈默德，對人類實行着更深刻的專制統治。利用密謀可以推翻一個暴君，而反對牢固的信念又有甚麼可資利用？在同羅馬天主教的暴力對抗中，最終屈服的是法國大革命，儘管羣體的同情顯然是在它這一邊，儘管它採用了像宗教法庭一樣無情的破壞手段。人類所知道的唯一真正的暴君，歷來就是他們對死人的懷念或他們為自己編織出來的幻覺。

普遍的信念從哲學上說往往十分荒謬，但這從來不會成為它們獲勝的障礙。當然，如果這些信念缺少了提供某種神奇的荒謬性這一條件，它們也不可能獲勝。因此，今

2　提比略（Tiberius，公元前 42- 公元 37）：羅馬帝國的第二代皇帝。
　　——譯註

天的社會主義信念雖有明顯的破綻，這並沒有阻止它們贏得群眾。這種思考得出的唯一結論是，和所有宗教信仰相比，其實它只能算是等而下之的信仰，因為前者所提供的幸福理想只能實現於來世，因此也無法反駁它，而社會主義的幸福理想是要在現世得到落實，因而只要有人想努力實現這種理想，它的許諾的空洞無物立刻就會暴露無遺，從而使這種新信仰身敗名裂。因此，它的力量的增長也只能到它獲得勝利，開始實現自身的那天為止。由於這個原因，這種新宗教雖然像過去所有的宗教一樣，也是以產生破壞性影響為起點，但是將來它並不能發揮創造性的作用。

2. 群眾意見的多變

以上我們闡述了牢固信念的力量，不過在這個基礎的表面，還會生長出一些不斷生生滅滅的意見、觀念和思想。其中一些也許朝生暮死，較重要的也不會比一代人的壽命更長。我們已經指出，這種意見的變化有時不過是些表面現象，它們總是受到某些種族意識的影響。例如在評價法國政治制度時我們說明，各政黨表面上看極為不同——保皇派、激進派、帝國主義者、社會主義者等等，但是它們都有着一個絕對一致的理想，並且這個理想完全是由法蘭西民族的精神結構決定的，因為在另一些民族中，在相同的名稱下會看到一些完全相反的理想。無論是給那些意見所起的名稱，還是其騙人的用法，都不會改變事物的本質。大革命時代的人飽受拉丁文學的薰陶，他們的眼睛只盯着羅馬共和國，採用它的法律、它的權標、它的法袍，但他們並沒有變成羅馬人，因為後者是處在一個有着強大的歷史意義的帝國的統治之下。哲學家的任務，就是研究古代的信念在其表面變化背後有甚麼東西支撐着它們，在不斷變化的意見中找出受普遍信念和種族特性決定的成份。

　　如果不做這種哲學上的檢驗，人們會以為羣眾會經常隨意改變他們的政治或宗教信念。一切歷史，無論是政治的、宗教的、藝術的或文學的歷史，似乎都證明了事情就是如此。作為例證，讓我們來看看法國歷史上非常短暫的一個時期，即 1790 年到 1820 年這三十年的時間，這也正好是一代人的時間。在這段時間，我們看到，最初是保皇派的羣體變得十分革命，然後成為極端的帝國主義者，最後又變成了君主制的支持者。在宗教問題上，他們在這段時間從天主教倒向無神論，然後倒向自然神論，最後又回到了最堅定的天主教立場。這些變化不只發生在羣眾中，而且發生在他們的領導者中。我們吃驚地發現，國民公會中的一些要人，國王的死敵、既不信上帝也不信主子的人，竟會變成拿破崙恭順的奴僕，在路易十八統治下，又手持蠟燭虔誠地走在宗教隊伍中間。

　　在以後的七十年裏，羣眾的意見又發生了無數次變化。本世紀初"背信棄義的英國佬"在拿破崙的繼承者統治時期，成了法國的盟友。兩度受到法國入侵的俄國，以滿意的心情看着法國倒退，也變成了它的朋友。

　　在文學、藝術和哲學中，接下來的意見變化更為迅速。浪漫主義、自然主義和神秘主義等等，輪番登場，生生滅滅。昨天還受着吹捧的藝術家和作家，明天就會被人痛加責罵。

　　但是，當我們深入分析所有這些表面的變化時，我們發現了甚麼？一切與民族的普遍信念和情感相悖的東西，都沒有持久力，逆流不久便又回到了主河道。與種族的任何普遍信念或情感全無關係、從而不可能具有穩定性的意見，只能聽任機遇的擺佈，或者——假如其說法還有可取之處——會根據周圍的環境而發生變化。它們只能是在暗示和傳染的作用下形成的一種暫時現象。它們匆匆成熟，又匆匆消失，就像海邊沙灘上被風吹成的沙丘。

　　目前，羣體中易變的意見比以往任何時候都多，這有三個不同的原因。

　　首先，昔日的信仰正在日甚一日地失去影響力，因此它們也不再像過去那樣，能夠形成當時的短暫意見。普遍信仰的衰落，為一大堆既無歷史也無未來的偶然意見提供了場所。

第二個原因是羣眾的勢力在不斷增長，這種勢力越來越沒有制衡力量。我們已有所瞭解的羣體觀念的極其多變這一特點，得以無拘無束地表現出來。

最後，第三個原因是報業最近的發展，它們不斷把十分對立的意見帶到羣眾面前。每一種個別的意見所產生的暗示作用，很快就會受到對立意見的暗示作用的破壞。結果是任何意見都難以普及，它們全都成了過眼雲煙。今天，一種意見還來不及被足夠多的人接受，從而成為普遍意見，便已壽終正寢。

這些不同的原因造成一種世界史上的全新現象，它是這個時代最顯著的特點。我這裏是指政府在領導輿論上的無能。

過去，就在不久以前，政府的措施、少數作家和寥寥幾家報紙的影響，就是公眾輿論真正的反映者，而今天作家已經沒有任何影響力，報紙則只反映意見。對於政客來說，他們莫說是引導各種意見，追趕意見還怕來不及。他們害怕意見，有時甚至變成了恐懼，這使他們採取了極不穩定的行動路線。

於是，羣體的意見越來越傾向於變成政治的最高指導原則。它已經發展到了這種地步，竟然能夠迫使國家之間結盟，例如最近的法俄同盟，就幾乎完全是一場大眾運動的產物。目前一種奇怪的病症是，人們看到教皇、國王和皇帝們也在同意接受採訪，彷彿他們也願意把自己在某個問題上的看法交給羣眾評判。在政治事務上不可感情用事，過去這樣說也許還算正確，但是當政治越來越受到多變的羣眾衝動的支配，而他們又不受理性的影響，只受情緒支配時，還能再這樣說嗎？

　　至於過去引導意見的報業，就像政府一樣，它在羣眾勢力面前也變得屈尊附就。當然，它仍然有相當大的影響，然而這不過是因為它只一味反映羣眾的意見及其不斷的變化。報業既然成了僅僅提供資訊的部門，它便放棄了讓人接受某種觀念或學說的努力。它在公眾思想的變化中隨波逐流，出於競爭的必要，它也只能這樣做，因為它害怕失去自己的讀者。過去那些穩健而有影響力的報紙，如《憲法報》、《論壇報》或《世紀報》，被上一代人當作智慧的傳播者，如今它們不是已經消失，就是變成了典型的現代報紙，最有價值的新聞被夾在各種輕鬆話題、社會見聞和金融謊言之間。如今，沒有哪家報紙富裕到能夠讓它的撰稿人傳播自己的意見，因為對於那些只想得到消息，對經過深思熟慮後做出的所有斷言一概表示懷疑的讀者，這種意見的價值微乎其微。甚至評論家也不再能有把握地說一本書或一台戲獲得了成功。他們能夠惡語中傷，但不能提供服務。報館十分清楚，在形成批評或個人意見上沒有任何有用的東西，於是它們便採取壓制批評的立場，只限於提一下書名，再添上兩三句"捧場的話"。在 20 年的時間裏，同樣的命運也許會降臨到戲劇評論的頭上。

今天，密切關注各種意見，已經成為報社和政府的第一要務。它們需要在沒有任何中間環節的情況下知道一個事件、一項法案或一次演說造成的效果。這可不是件輕鬆的任務，因為沒有任何事情比羣眾的想法更為多變，今天，也沒有任何事情，能夠像羣眾對他們昨天還讚揚的事情今天便給予痛罵的做法更為常見。

不存在任何引導意見的力量，再加上普遍信仰的毀滅，其最終結果就是對一切秩序都存在着極端分歧的信念，並且使羣眾對於一切不明確觸及他們直接利益的事情，越來越不關心。對社會主義之類的信條的探究，只在很沒有文化的階層如礦山和工廠工人中間，能夠找到信誓旦旦的擁護者。中產階級的下層成員以及受過一些教育的工人，不是變成了徹底的懷疑論者，就是抱着極不穩定的意見。

過去 25 年裏朝着這個方向的演變是驚人的。在這之前的那個時期，雖然與我們相距不算太遠，人們的意見還仍然大致存在着一般趨勢，它們的產生是因為接受了一些基本的信仰。只根據某人是個君主制的擁護者這一事實，即可斷定他持有某些明確的歷史觀和科學觀；只根據某人是共和主義者，便可以説他有着完全相反的觀點。擁護君主制的人十分清楚，人不是從猴子變過來的，而共和主義者同樣十分清楚，人類的祖先就是猴子。擁護君主制的人有責任為王室說話，共和主義者則必須懷着對大革命的崇敬發言。凡是提到一些人名，如羅伯斯庇爾和馬拉，語氣中必須含有宗教式的虔誠，還有一些人名，如愷撒、奧古斯都或拿破崙，也萬萬不可在提到時不予以猛烈的痛斥。甚至在法蘭西的索邦，也普遍存在着這種理解歷史的幼稚方式。[3]

目前，由於討論和分析的緣故，一切意見都失去了名望；它們的特徵很快褪化，持續的時間之短很難喚起我們的熱情。現代人日益變得麻木不仁。

對於意見的衰退不必過於悲傷。無可爭辯，這是一個民族生命衰敗的徵兆。當然，偉大的人、具備超凡眼光的人、使徒和民眾領袖——總之，那些真誠的、有強烈信念的人——與專事否定、批判的人或麻木不仁的人相比，

---

[3] 從這個角度看，法國官方任命的歷史教授寫下的一些東西是非常令人不解的。它們也證明了在法國的大學教育制度中是多麼缺乏批判精神。我可以引用蘭先生《法國大革命》一書中的兩段話作為這方面的例證：

"攻佔巴士底獄不但是法國歷史，也是整個歐洲歷史上一件登峰造極的事件，而且它也開創了世界史的一個新紀元！"

關於羅伯斯庇爾，我們莫明其妙地讀到，"他的獨裁更多地是建立在輿論、說服力和道德威信上；這是一種掌握在高尚者手裏的教皇權位"。

（"索邦"指巴黎大學，因其中最著名的學院為 1257 年神學家索邦所建的神學院。）

能夠發揮更大的影響，不過我們切莫忘記，由於目前羣眾擁有龐大的勢力，因此，如果有一種意見贏得了足夠的名望，使自己能夠得到普遍接受，那麼它很快便會擁有強大的專制權力，使一切事情全要屈服於它，自由討論的時代便會長久地消失。羣眾偶爾是個步態悠閒的主人，就像赫利奧加巴勒和梯比留斯一樣，但他們也是狂暴而反覆無常的。當一種文明讓羣眾佔了上風時，它便幾乎沒有多少機會再延續下去了。如果說還有甚麼事情能夠推遲自身的毀滅的話，那就是極不穩定的羣眾意見，以及他們對一切普遍信仰的麻木不仁。

第三卷 不同羣體的分類及其特點

第一章 羣體的分類

　　我們已在本書中論述了羣體心理的一般特點。仍然有待說明的是，當不同類型的集體在一定刺激因素的影響下變成羣體時，它們各自具有的特點。我們先用幾句話來談談羣體的分類。

　　我們的起點是簡單的人羣。當許多人組成的人羣是屬於不同種族時，我們便看到了它最初級的形態。在這種情況下，唯一能夠形成團結的共同紐帶，是頭領或多或少受到尊敬的意志。在幾百年的時間裏不斷進犯羅馬帝國的野蠻人，來源十分複雜，因此可以把他們作為這種人羣的典型。

　　比不同種族的個人組成的人羣更高的層面，是那些在某些影響下獲得了共同特徵，因而最終形成一個種族的人羣。它們有時表現出某些羣體的特徵，不過這些特徵在一定程度上敵不過種族的因素。

　　在本書闡述過的某些影響的作用下，這兩種人羣可以轉變成有機的或心理學意義上的羣體。我們把這些有機的羣體分為以下兩類：

1. 異質性羣體

　　a. 無名稱的羣體（如街頭羣體）

　　b. 有名稱的羣體（如陪審團、議會等）

2. 同質性羣體

　　a. 派別（政治派別、宗教派別等）

　　b. 身份團體（軍人、僧侶、勞工等）

　　c. 階級（中產階級、農民階級等）

我們將簡單地指出這些不同類型羣體的特徵。

1. 異質性羣體

　　本書前面研究的一直就是這種羣體的特點。它們是由有着任何特點、任何職業、任何智力水準的個人組成的。

　　我們只根據事實便已知道，人作為行動的羣體中的一員，他們的集體心理與他們的個人心理有着本質的差別，而且他們的智力也會受到這種差別的影響。我們已經知道，智力在集體中不起作用，它完全處在無意識情緒的支配之下。

　　一個基本因素，即種族的因素，使不同的異質性羣體幾乎完全不同。

　　我們經常談到種族的作用，指出它是人們行動最強大的決定因素。它的作用在羣體的性格中也有跡可尋。由偶然聚集在一起的個人組成的羣體，如果他們全是英國人或中國人，同有着任何不同特徵但屬於同一個種族的個人——如俄國人、法國人或西班牙人——組成的羣體，會有很大的差別。

當環境形成了一個羣體，並且——雖然這種情況相當罕見——其中有着不同民族但比例大體相同的個人時，他們所繼承的心理成份給人的感情和思想方式造成的巨大差異，立刻就會變得十分突出，不管讓他們聚集在一起的是多麼一致的利益，都會發生這種情況。社會主義者試圖在大型集會中把不同國家的工人代表集合在一起的努力，最後總是以公開的分歧收場。拉丁民族的羣體，不管它多麼革命或多麼保守，為了實現自己的要求，無一例外地求助於國家的干預。它總是傾向於集權，總是或明或暗地傾向於贊成獨裁。相反，英國人或美國人的羣體就不拿國家當回事，他們只求助於個人的主動精神。法國的羣體特別看重平等，英國的羣體則特別看重自由。這些差異解釋了為何幾乎有多少個國家就有多少種不同形式的社會主義和民主。

由此可見，種族的氣質對羣體性格有着重大影響。它是一種決定性力量，限制着羣體性格的變化。因此可以認為，一條基本定律就是，由於種族精神的強大，羣體的次要性格相比之下並不十分重要。羣體狀態或支配羣體的

力量類似於野蠻狀態，或者説是向這種狀態的回歸。種族
正是通過獲得結構穩定的集體精神，才使自身在越來越大
的程度上擺脱了缺乏思考的羣體力量，走出了野蠻狀態。
除了種族因素之外，對異質性羣體最重要的分類，就是把
它們分為無名稱的羣體——如街頭羣體——和有名稱的
羣體，如精心組織起來的議會和陪審團。前一種羣體缺乏
責任感，而後一種羣體則發展出了這種責任感，這往往使
它們的行動有着很大的不同。

2. 同質性羣體

同質性羣體包括：(1) 派別；(2) 身份團體；(3) 階級。

派別是同質性羣體組織過程的第一步。一個派別包括
在教育、職業和社會階級的歸屬方面大不相同的個人，把
他們聯繫在一起的是共同的信仰。這方面的例子是宗教
和政治派別。身份團體是最易於組織起羣體的一個因素。
派別中包含着職業、教育程度和社會環境大不相同的個
人，他們僅僅是被共同的信仰聯繫在一起，而身份團體則
由職業相同的個人組成，因此他們也有相似的教養和相當
一致的社會地位。這方面的例子如軍人和僧侶團體。

階級是由來源不同的個人組成的，和派別有所不同，
使他們結合在一起的不是共同的信仰，也不像身份團體那

樣，是因為相同的職業，而是某種利益、生活習慣以及幾乎相同的教育。這方面的例子是中產階級和農民階級。

本書只討論異質性羣體，把同質性羣體（派別、身份團體和階級）放在另一書本裏研究，因此我不打算在這裏談論後一種羣體的特點。在結束對異質性羣體的研究時，我會考察一下幾種典型的特殊羣體。

第二章　被稱為犯罪羣體的羣體

在興奮期過後，羣體就會進入一種純粹自動的無意識狀態，在這種狀態下，它受着各種暗示的支配，因此似乎很難把它說成是一個犯罪羣體。我保留這一錯誤的定性，是因為最近一些心理學研究使它變得十分流行。不錯，羣體的一些行為，如果僅就其本身而論，的確是犯罪行為，但是在某些情況下，這種犯罪行為同一隻老虎為了消遣而讓其幼虎把一個印度人撕得血肉模糊，然後再把他吃掉的行為是一樣的。

通常，羣體犯罪的動機是一種強烈的暗示，參與這種犯罪的個人事後會堅信他們的行為是在履行責任，這與平常的犯罪大不相同。

羣體犯罪的歷史說明了實情。

巴士底監獄獄長的遇害可以作為一個典型的事例。在這位監獄長的堡壘被攻破後，一羣極度興奮的人把他團團圍住，從四面八方對他拳腳相加。有人建議吊死他，砍下他的頭，把他拴在馬尾巴上。在反抗過程中，他偶爾踢到了一個在場的人，於是有人建議，讓那個捱踢的人割斷監獄長的喉嚨，他的建議立刻就得到羣眾的贊同。

　　這個人，一個幹完活的廚子，來巴士底獄的主要原因是無所事事的好奇心，他只是想來看看發生了甚麼。然而由於普遍的意見就是如此，於是他也相信這是一種愛國行為，甚至自以為應為殺死一個惡棍而得到一枚勳章。他用一把借來的刀切那裸露出來的脖子，因為武器有些鈍了，他沒能切動。於是他從自己兜裏掏出一把黑柄小刀（既然有廚子的手藝，他對切肉應當很有經驗），成功地執行了命令。

　　以上指出的過程的作用，清楚地反映在這個例子中。我們服從別人的慫恿，它會因為來自集體而更為強大，殺人者認為自己是做了一件很有功德的事情，既然他得到了無數同胞的贊同，他這樣想是很自然的。這種事從法律上可以視為犯罪，從心理上卻不是犯罪。

　　犯罪羣體的一般特徵與我們在所有羣體中看到的特徵並無不同：易受慫恿、輕信、易變、把良好或惡劣的感情加以誇大、表現出某種道德等等。

　　我們會發現，在法國歷史上留下最兇殘記錄的羣體，即參與九月慘案的羣體中間，這些特徵一應俱全。事實上，它與製造聖巴托羅繆慘案的羣體十分相似。讓我引用泰納根據當時的文獻所做的詳細描述。

　　沒有人確切知道是誰下了殺掉犯人空出監獄的命令。也許是丹東或別的甚麼人，這並不重要。我們關心的是這樣一個事實，即參與屠殺的羣體受到了強烈的懲恿。

　　這個殺人羣體殺了大約三百人，而且它完全是個典型的異質性羣體。除了少數職業無賴，主要是一些小店主和各行各業的手藝人：靴匠、鎖匠、理髮的、泥瓦匠、店員、郵差等等。在別人的懲恿下，他們就像前面提到的那個廚子一樣，完全相信自己是在完成一項愛國主義任務。他們擠進一間雙開門的辦公室，既當法官又當執行人，但是他們絲毫不認為自己是在犯罪。

　　他們深信自己肩負着重要使命，着手搭起一座審判台，與這種行動聯繫在一起的是，他們立刻表現出羣體的率直和幼稚的正義感。考慮到受指控的人數眾多，他們決定把貴族、僧侶、官員和王室僕役一律處死，沒有必要對他們的案件一一進行審判——這就是說，在一個傑出的愛國者眼裏，對於所有的個人，只憑職業就可證明他是罪犯。其他人將根據他們的個人表現和聲譽做出判決。羣體幼稚的良知以這種方式得到了滿足。現在可以合法地進行屠殺了，殘忍的本能也可以盡情地釋放了。我在別處討論過這種本能的來源，集體總是會將它發揮得淋漓盡致。不過正像羣體通常的表現那樣，這種本能並不妨礙他們表現出一些相反的感情，他們的善心常常和他們的殘忍一樣極端。

　　"他們對巴黎的工人有着極大的同情和敏銳的理解。

在阿巴耶，那幫人中的一員在得知囚犯 24 小時沒喝上水後，簡直想把獄卒打死，如果不是犯人們為其求情，他是一定會這樣做的。當一名囚犯被（臨時法庭）宣告無罪後，包括衛兵和劊子手在內的所有人都高興地與他擁抱，瘋狂地鼓掌"，然後開始了大屠殺。在這個過程中，歡快的情緒從未間斷。他們圍在屍體旁跳舞唱歌，"為女士"安排了長凳，以享觀看處死貴族之樂。而且這種表演一直具有一種特殊的正義氣氛。

阿巴耶的一名劊子手當時抱怨說，為了讓女士們看得真切，把她們安排得太近了，使在場的人中只有很少的人享受了痛打貴族的樂趣。於是決定讓受害者在兩排劊子手中間慢慢走過，讓他們用刀背砍他以延長其受苦的時間。在福斯監獄，受害人被剝得精光，在半小時裏施以"凌遲"，直到每個人都看夠了以後，再來上一刀切開他們的五腹六臟。

劊子手並非全無顧忌，我們指出過的存在於羣體中的道德意識也表現在他們身上。他們拒絕佔有受害人的錢財和首飾，把這些東西全都放在會議桌上。

在他們的所有行為中，都可以看到羣體頭腦特有的那種幼稚的推理方式。因此，在屠殺了 1,200 到 1,500 個民族的敵人之後，有人提議說，那些關着老年人、乞丐和流浪漢的監獄其實是在養着一些沒用的人，因此不如把他們全都殺掉，他的建議立刻就被採納。他們中間當然也有人民的敵人，如一位名叫德拉盧的婦女，一個下毒者的寡婦："她肯定對坐牢非常憤怒，如果她能辦到的話，她會一把火燒掉巴黎。她肯定這樣說過，她已經這樣說過了。除掉她算了。"這種說法好像很令人信服，囚犯被無一例外地處死了，其中包括 50 名 12 到 17 歲的兒童，他們當然也變成了人民公敵，於是全都被解決掉了。

當一週的工作結束時，所有這些處決也終於停止，劊子手們想來可以休息一下了。但他們深信自己為祖國立了大功，於是前往政府請賞。最熱情的人甚至要求被授予勳章。

1871 年巴黎公社的歷史也提供了一些類似的事實。既然羣體的勢力不斷增長，政府的權力在它面前節節敗退，因此我們一定還會看到許多性質相同的事情。

第三章 刑事案件的陪審團

　　由於不可能在這裏對所有類型的陪審團一一進行研究，因此我只想評價一下最重要的，即法國刑事法庭的陪審團。這些陪審團為有名稱的異質性羣體提供了一個極好的例子。我們會看到，它也表現出易受暗示和缺乏推理能力的特點。當它處在羣眾領袖的影響之下時，也主要受無意識情緒的支配。在這一研究的過程中，我們不時還會看到一些不懂羣眾心理的人犯下錯誤的有趣事例。

　　首先，組成羣體的不同成員在做出判決時，其智力水準無關緊要，陪審團為此提供了一個很好的例子。我們已經知道，當一個善於思考的團體要求就某個並非完全技術性的問題發表意見時，智力起不了多少作用。例如，一羣科學家或藝術家，僅僅因為他們組成一個團體這個事實，並不能就一般性問題做出與一羣泥瓦匠或雜貨商十分不同的判斷。在不同的時期，尤其是在 1848 年以前，法國政府規定對召集起來組成陪審團的人要慎加選擇，要從有教養的階層選出陪審員，即選擇教授、官員、文人等等。如今，大多數陪審員來自小商人、小資本家或僱員。然而令專家大惑不解的是，無論組成陪審團的是甚麼人，他們的判決總是一樣。甚至那些敵視陪審制度的地方長官，也不得不承認判決的準確性。貝拉‧德‧格拉熱先生是

刑事法庭的前庭長，他在自己的《回憶錄》中用下面一席
話表達了自己的看法：

> 今天，選擇陪審員的權力實際掌握在市議員手
> 裏。他們根據自己環境中的政治和選舉要求，把人
> 們列入名單或從名單上劃掉。……大多數選入陪審
> 團的人都是生意人（但並不是像過去那樣重要的人）
> 和屬於某個政府部門的僱員。……只要法官的開庭
> 時間表一定，他們的意見和專長便不再有多少作用。
> 許多陪審員有着新手的熱情，有着最良好的意圖的
> 人，被同時放在了恭順的處境下，陪審團的精神並
> 未改變：它的判決依然如故。

對於這段話，我們必須記住的是它的結論，而不是那
些軟弱無力的解釋。對這樣的解釋我們不必感到奇怪，因
為法官通常和地方長官一樣，對羣體心理一竅不通，因此
他們也不瞭解陪審團。我從一個與剛才提到的這位作者
有關的事實中，還發現了一個證據。他認為，刑事法庭最
著名的出庭律師之一拉俏先生，處心積慮地利用自己的權
利，在所有案件中反對讓聰明人出現在名單上。但是經驗
終究會告訴我們，這種反對是毫無用處的，這可由一個事
實來證明，即今天的公訴人和出庭律師，以及所有那些關
在巴黎監獄裏的人，都已完全放棄了他們反對陪審員的權
利，因為正如德・格拉熱先生所言，陪審團的判決並無變

化，"它們既不更好，也不更差"。

就像羣體一樣，陪審團也受着感情因素極強烈的影響，很少被證據所打動。一位出庭律師説，"他們見不得有位母親用乳房餵孩子或者一個孤兒"；德·格拉熱則説，"一個婦女只要裝出一副惟命是從的樣子，就足以贏得陪審團的慈悲心腸。"

陪審團對自己有可能成為其受害者的罪行毫不留情，當然，這些罪行對社會也是最危險的，但是對於一些因為感情原因而違法的案件，陪審團卻十分優柔寡斷。對未婚母親的殺嬰罪，或者用潑硫酸來對付誘姦或拋棄自己的男人的婦女，他們很少表現得十分嚴厲，因為他們本能地感到，社會在照常運轉，這種犯罪對它沒有多大威脅[1]，而且在一個被拋棄的姑娘不受法律保護的國家裏，她為自己復仇，非但無害反而有益，因為這可以事先嚇阻那些未來的

1　順便説明一下，陪審團這種把犯罪劃分成威脅社會和不威脅社會兩類的方式，遠不能認為有失公正。刑法的目的顯然是保護社會不受犯罪的危害，而不是為了進行報復。但是法國的法典，尤其是那些地方官員的頭腦，卻仍然深受有着原始法律特點的報復精神的影響，像 "vindicte"（"起訴"，它源自拉丁語的 "vindicta" ── "報復"）一詞，就仍在日常生活中使用着。地方官員中這種傾向的一個證明是，他們中間的許多人都拒絕採用貝朗熱法，該法允許被判刑的人不必服刑，除非他再次犯罪。但是，由於已經從統計學上得到了證明，因此沒有哪個官員會否認，對初犯進行懲罰，極可能導致受罰者進一步犯罪。當法官讓一個被判服刑的人獲得自由時，他們好像總是認為沒有為社會報仇。他們不想不為社會報仇，倒是更願意製造一個肯定犯罪的人。

誘姦者。

　　陪審團就像任何羣體一樣，也深受名望的影響，德·格拉熱先生十分正確地指出，陪審團的構成雖然十分民主，他們在好惡態度上卻很貴族化："頭銜、出身、家財萬貫、名望或一位著名律師的幫助，總之，一切不同尋常或能給被告增光的事情，都會使他的處境變得極為有利。"

　　傑出律師的主要用心所在，就是打動陪審團的感情，而且正如對付一切羣體一樣，不要做很多論證，或只採用十分幼稚的推理方式。一位在因為刑庭上贏了官司而赫赫有名的英國大律師，總結出以下應當遵循的行為準則：

　　　　進行辯護時，他要留心觀察陪審團。最有利的機會一直就有。律師依靠自己的眼光和經驗，從陪審員的面容上領會每句話的效果，從中得出自己的結論。第一步是要確認，哪些陪審員已經贊同他的理由。確定他們的贊同不必費很多功夫，然後他應把注意力轉向那些看來還沒有拿定主意的人，努力搞清楚他們為何敵視被告。這是他的工作中十分微妙的一部分，因為指控一個人除了正義感之外，還可以有無限多的理由。

這幾句話道出了辯護術的全部奧妙。我們可以理解，事先準備好的演說為何效果甚微，這是因為必須隨時根據印象改變措辭。

辯護人不必讓陪審團的每個人都接受他的觀點，他只爭取那些左右着普遍觀點的靈魂人物既可。就像一切羣體一樣，在陪審團裏也存在着少數對別人有支配作用的人。"我通過經驗發現"，前面提到的那位律師說，"一兩個有勢力的人物就足以讓陪審團的人跟着他們走。"需要用巧妙的暗示取得信任的就是那兩三個人。首先，最關鍵的事情就是取悅他們。羣體中已成功博得其歡心的那個人，是處在一個就要被說服的時刻，這時無論向他提出甚麼證據，他很可能都會認為十分令人信服。我從有關拉俏的報導中摘錄一段反映上述觀點的趣聞逸事：

> 大家都知道，拉俏在刑庭審判過程的一切演說中，絕對不會讓自己眼睛離開兩三個他知道或感到既有影響又很固執的陪審員。通常他會把這些不易馴服的陪審員爭取過來。不過有一次在外省，他不得不對付一個陪審員，他花了大半個小時，採用最狡猾的論辯，此人依然不為所動。這個人是第七陪審員，第二排椅子上的第一人。局面令人沮喪。突然，在激昂的辯論過程中，拉俏停頓了片刻，向法官說："閣下是否可以命令把前面的窗簾放下來？第七陪審員已經被陽光曬暈了。"那個陪審員臉紅起來，

他微笑着表達了自己謝意。他被爭取到辯方一邊來了。

許多作家，包括一些最出眾的作家，最近開展了一場反對陪審制度的強大運動，而面對一個不受控制的團體犯下的錯誤，這種制度是保護我們免受其害的唯一辦法。[2]有些作者主張只從受過教育的階層召募陪審員，然而我們已經證明，甚至在這種情況下，陪審團的判決也同回到目前的制度沒甚麼兩樣。還有些作者以陪審團犯下的錯誤為根據，希望廢除陪審團用法官取而代之。真是令人難以理解，這些一廂情願的改革家怎麼會忘了，被指責為陪審團所犯下的錯誤，首先是由法官犯下的錯誤，而且當被告被帶到陪審團面前時，一些地方官員、督查官、公訴人和

2　事實上，地方官是行動不受控制的唯一行政官員。儘管搞了不少革命，民主的法蘭西並不擁有一部英國人為之自豪的《人身保護法》(*Habeas Corpus*)。我們消滅了所有專制者，卻在每個城市任命了一個可以隨意處置公民的榮譽和自由的地方長官。毫無意義的督查官 (juge d'instruction)（一種在英國沒有類似設置的審查官），是一些剛從大學出來的新手，卻擁有令人厭惡的權力，他僅僅根據自己的懷疑，就能把很有地位的人送進監獄，而且無需向任何人說明他這樣做的理由。他以進行調查為藉口，可以把這些人關押六個月甚至一年，最後釋放他們時也不必做任何賠償或道歉。在法國，司法許可證 (warrant) 就像國王敕令一樣，但它們的不同之處是，後者——對於君主利用它的做法，人們做過十分公正的譴責——只有那些身居高位的人才能申領，司法許可證卻是操在一個公民階層的每個人手裏的工具，而他們並不是些十分開明或獨立的人。

初審法庭已經認定他有罪了。由此可見，如果對被告做出判決的是地方官而不是陪審團，他將失去找回清白的唯一機會。陪審團的錯誤歷來首先是地方官的錯誤。因此，當出現了特別嚴重的司法錯誤時，首先應當受到譴責的是地方官，譬如最近對 L 醫生的指控就是如此。有個愚蠢透頂的督查官根據一位元半癡呆的女孩的揭發，對他提出起訴。那個女孩指控醫生為了 30 個法郎，非法地為她做手術。若不是因為惹惱了公眾，使最高法院院長立刻給了他自由，他是一定會身陷囹圄的。這個被指控的人得到了自己同胞的讚譽，這一錯案的野蠻性由此昭然若揭。那些地方官自己也承認這一點，但是出於身份的考慮，他們極力阻撓簽署赦免令。在所有類似的事情上，陪審團在遇到自己無法理解的技術細節時，自然會傾聽公訴人的意見，因為他們認為，那些在搞清楚最複雜的事態上訓練有素的官員，已經對事件進行了調查。那麼，誰是錯誤的真正製造者？是陪審團還是地方官？我們應當大力維護陪審團，因為它是唯一不能由任何個人來取代的羣體類型。只有它能夠緩解法律的嚴酷性。這種對任何人一視同仁的法律，從原則上說既不考慮也不承認特殊情況。法官是冷漠無情的，他除了法律條文不理會任何事情，出於這種職業的嚴肅性，他對夜黑中的殺人越貨者和因為貧困、因為受到誘姦者的拋棄而殺嬰的可憐姑娘，會施以同樣的刑罰。而陪審團會本能地感到，與逃避開法網的誘姦者相比，被誘姦的姑娘罪過要小得多，對她應當寬大為懷。

　　在瞭解了身份團體的心理，也瞭解了其他羣體的心理之後，對於一個受到錯誤指控的案件，我不可能仍然認為，我不應當去和陪審團打交道，而應當去找地方官。從前者那裏我還有些找回清白的機會，讓後者認錯的機會卻是微乎其微。羣體的權力令人生畏，然而有些身份團體的權力更讓人害怕。

第四章　選民羣體

　　選民羣體，也就是説，有權選出某人擔任官職的集體，屬於異質性羣體，但是由於他們的行為僅限於一件規定十分明確的事情，即在不同的候選人中做出選擇，因此他們只具有前面講到過的少數特徵。在羣體特有的特徵中，他們表現出極少的推理能力，他們沒有批判精神、輕信、易怒並且頭腦簡單。此外，從他們的決定中也可以找到羣眾領袖的影響，和我們列舉過的那些因素——斷言、重複和傳染——的作用。

　　讓我們來看一下説服選民羣體的辦法。從最成功的辦法中，可以很容易發現他們的心理。首先，非常重要的是，候選人應當享有名望。能夠取代個人名望的只有財富。才幹甚至天才，都不是非常重要的成功要素。

　　極為重要的另一點是，享有名望的候選人必須能夠迫使選民不經討論就接受自己。選民中的多數都是工人或農民，他們很少選出自己的同伍來代表自己，原因就在於這種人在他們中間沒有名望。當他們偶然選出一個和自己相同的人時，一般也是由於一些次要原因，例如為了向某個大人物或有權勢的僱主——選民平常要依靠他——洩憤，或是因為通過這種方式他能夠一時產生成為其主人的幻覺。

　　候選人若想保證自己取得成功，只有名望是不夠的。選民特別在意他表現出貪婪和虛榮。他必須用最離譜的哄騙手段才能征服選民，要毫不猶豫地向他們做出最令人異想天開的許諾。

　　如果選民是工人，那就侮辱和中傷僱主，再多也不過分。對於競選對手，必須利用斷言法、重複法和傳染法，竭力讓人確信他是個十足的無賴，他惡行不斷是人盡皆知的事實。為任何表面證據而費心是沒有用處的。對手如果不瞭解羣體心理，他會用各種論證為自己辯護，而不是把自己限制在只用斷言來對付斷言，如此一來，他也就沒有任何獲勝的機會了。

　　候選人寫成文字的綱領不可過於絕對，不然他的對手將來會用它來對付自己。但是在口頭綱領中，再誇誇其談也不過分。可以毫無懼色地承諾最重要的改革。做出這些誇張能夠產生巨大的效果，但它們對未來並沒有約束力，因為這需要不斷地進行觀察，而選民絕對不想為這事操心，他並不想知道自己支持的候選人在實行他所贊成的競選綱領上走了多遠，雖然他以為正是這個綱領使他的選擇有了保證。

　　在以上這種事情中，能夠看到我們前面討論過的所有說服的因素。我們在各種口號和套話——我們已經談到過這些東西神奇的控制力——所發揮的作用中還會看到

它們。一個明白如何利用這些説服手段的演説家，他能
夠用刀劍成就的事情，用這種辦法照樣可以辦到。像不
義之財、卑鄙的剝削者、可敬的勞工、財富的社會化之
類的説法，永遠會產生同樣的效果，儘管它們已經被用得
有些陳腐。此外，如果候選人滿嘴新詞，其含義又極其貧
乏，因而能夠迎合極不相同的各種願望，他也必能大獲全
勝。西班牙 1873 年那場血腥的革命，就是由這種含義複
雜、因而每個人都可以自己做出解釋的奇妙説法引起的。
當時的一位作者描述了這種説法的出現，值得引用於此：

> 激進派已經發現集權制的共和國其實是巧裝打
> 扮的君主國，於是為了遷就他們，議會全體一致宣
> 告建立一個‘聯邦共和國’，雖然投票者中誰也解釋
> 不清楚自己投票贊成的是甚麼。然而這個説法卻讓
> 人皆大歡喜。人們無比高興並陶醉於其中。美德與
> 幸福的王國就要在地球上揭幕。共和主義者如果被
> 對手拒絕授予聯邦主義者名稱，會認為自己受到了
> 致命的侮辱。人們在大街上以這樣的話互致問候：‘聯
> 邦共和國萬歲！’然後便響起一片讚美之聲，對軍
> 隊沒有紀律這種奇怪的美德以及士兵自治大唱讚歌。
> 人們對‘聯邦共和國’是如何理解的呢？有些人認
> 為它是指各省的解放，即同美國和行政分權制相似
> 的制度；還有些人則認為它意味着消滅一切權力，
> 迅速着手於偉大的社會變革。巴賽隆納和安達路西

亞的社會主義者贊成公社權力至上，他們建議在西
班牙設立一萬個獨立的自治區，根據它們自己的要
求制定法律，在建立這些自治區的同時禁止員警和
軍隊的存在。在南部各省，叛亂很快便開始從一座
城市向另一座城市、一個村莊向另一個村莊蔓延。
有個發表了宣言的村莊，它所做的第一件事情，就
是立刻破壞了電報線和鐵路，以便切斷與相鄰地區
和馬德里的一切關係。處境最可憐的村莊注定只能
寄人籬下。聯邦制給各立門戶大開方便之門，到處
都在殺人放火，人們無惡不作。這片土地上充斥着
血腥的狂歡。

　　至於理性對選民的頭腦可能產生的影響，要想對這個
問題不生任何疑心，千萬別去讀那些有關選民集會的報
導。在這種集會上，言之鑿鑿、痛罵對手，有時甚至拳腳
相加此起彼伏，但絕對聽不到論證。即使有片刻安靜的時
候，也是因為有個享有"粗漢"名聲的人在場，宣稱自己
要用一些讓聽眾開心的麻煩問題難倒候選人。然而反對
派的滿足是短命的，因為提問者的聲音很快就會被對手的
叫喊壓倒。從報紙的上千個類似事例中選出來的關於公
眾集會的以下報導，可以作為這方面的典型：

　　　　會議的組織之一請大會選出一名主席，騷亂立
　　刻席捲全場。無政府主義者跳上講台，粗暴地佔領
　　會議桌。社會主義者極力反抗；人們相互扭打，每

一派都指責對方是拿了政府佣金的奸細。等等……一個眼睛被打青了的公民離開了會場。

會議總算在喧鬧中各就各位，說話的權利轉移給了 X 同志。

這位演講人開始激烈抨擊社會主義者，他們則用‘白癡、無賴、流氓！’等等的叫罵聲打斷他。X 同志則針對這些髒話提出一種理論，根據這種理論，社會主義者是“白癡”或“可笑的傢伙”。

昨晚，為五一節工人慶祝會的預演，阿勒曼派在福伯格宮大街的商會大廳組織了一次大會。會議的口號是“沉着冷靜！”。

G 同志——暗指社會主義者是“傻子”和“騙子”。

所有這些惡言惡語都會引起相互攻訐，演講者和聽眾甚至會大打出手。椅子、桌子、板凳，全都變成了武器。

等等，不一而足。

千萬不要以為，這種描述只適用於固執的選民羣體，並且取決於他們的社會地位。在不管是甚麼樣的無名稱的集會中，即使參與者全是受過高等教育的人，會上的爭論也沒甚麼兩樣。我已經說過，當人們聚集成一個羣體時，一種降低他們智力水準的機制就會發生作用，在所有的場合都可以找到這方面的證明。例如，下面是我從 1895 年 2 月 13 日的《時報》上摘錄的有關一次集會的報導：

> 那個晚上，隨着時間的流逝，喧囂聲有增無減。我不相信有哪個演講者能夠說上兩句話而不被人打斷。每時每刻都有人從這裏或那裏大聲叫喊，或者是喊聲四起。掌聲中加雜着噓聲，聽眾中的個別成員也在不斷地相互激烈爭吵。一些人可怕地揮舞着木棒，另一些人不停地擊打地板。打斷演說的人引來一片呼喊：“把他轟下去！”或“讓他說！”

> C 先生滿嘴都是白癡、懦夫、惡棍、卑鄙無恥、唯利是圖、打擊報復之類的用語，他宣稱要把這些東西統統消滅。

等等，等等。

人們也許會問，處在這種環境裏的選民怎麼能夠形成意見呢？提出這樣的問題，等於是在集體享有自由的程度這件事上掩蓋一個奇怪的謬見。羣體持有別人賦予他們的意見，但是他們絕不能誇口自己持有合乎理性的意見。在這裏所談論的事情上，選民的意見和選票是操在選舉委員會的手裏，而它的領袖人物通常都是些政客，他們向工人許諾好處，因此在這些人中間很有影響。謝樂先生是今天最勇敢的民主鬥士之一，他說：“你可知道甚麼是選舉委員會？它不多不少，是我們各項制度的基石，是政治機器的一件傑作。今日法國就是受着長期選舉委員會的統治。"[1]

只要候選人能夠被羣體所接受，並擁有一定的財源，對羣體產生影響並不困難。根據捐款人的招認，300 萬法郎就足以保證布朗熱將軍重新當選。

選民羣體的心理學就是如此。它和其他羣體一樣：既不更好也不更差。

因此，我從以上所言並沒有得出反對普選的結論。我明白了它的命運，因此出於一些實際的原因，我願意保留這種辦法。事實上，我們是通過對羣體心理的調查歸納出了這些原因，基於這些考慮，我要對它們做進一步的闡述。

不必懷疑，普選的弱點十分突出，所以人們很難視而

1　委員會不管有甚麼名稱，俱樂部也好，辛迪加也好，大概都包含着羣體權力所造成的最可怕的危險。在現實中，它們代表着最為非人格的、因而也是最具壓迫性的專制形式。可以説，委員會的領袖是代表集體説話和行動，因此他們不負任何責任，他們處在可以根據自己的選擇行事的位置上。甚至最殘忍的暴君，也不敢夢想革命委員會任命的人所擁有的那些剝奪權。巴拉斯就曾宣佈，他們要在國民公會裏大開殺戒，隨心所欲地裁撤議員。羅伯斯庇爾只要還能代表他們説話，他就握有絕對權力。當這個可怕的獨裁者因為自高自大脱離了他們時，他便失去了這種權力。羣體的統治就是委員會的統治，因而也是委員會領袖的統治。難以想像還會有比這更嚴厲的暴政。

不見。無可否認，文明是少數智力超常的人的產物，他們構成了一個金字塔的頂點。隨着這個金字塔各個層次的加寬，智力相應地也越來越少，它們就是一個民族中的羣眾。一種文明的偉大，如果依靠僅僅以人多勢眾自誇的低劣成員的選票，是無法讓人放心的。另一件無須懷疑的事情是，羣眾投下的選票往往十分危險。它們已經讓我們付出了若干次遭受侵略的代價，我們眼看着羣體正在為其鋪設道路的社會主義就要大獲全勝，異想天開的人民主權論，十有八九會讓我們付出更慘重的代價。

　　然而，這些不同意見雖然從理論上說頗令人信服，在實踐中卻毫無勢力。只要還記得觀念變成教條後有着不可征服的力量，我們就會承認這一點。從哲學觀點看，羣體權力至上的教條就像中世紀的宗教教條一樣不堪一駁，但是如今它卻擁有和昔日教條一樣強大的絕對權力，因此它就像過去我們的宗教觀念一樣不可戰勝。不妨設想有個現代自由思想家被送回了中世紀。難道你會認為，當他發現盛行於當時的宗教觀念有着至高無上的權力後，會對它們進行攻擊嗎？一旦落入一個能夠把他送上火刑柱的法官之手，指控他與魔鬼有約或參與了女巫的饗宴，他還會對存在着魔鬼或女巫提出置疑嗎？用討論的方式與颶風作對，這比羣眾的信念明智不了多少。普選的教條今天就有着過去宗教的所具有的威力。演說家和作家在提到它時表現出的恭敬與媚態，即使路易十四也無緣享受。

因此對於它必須採取和對待宗教教條一樣的立場。只有時間能夠對它發生影響。

此外，破壞這種教條的努力更是無用，因為它具有一種對自己有利的外表。托克維爾正確地指出，"在平等的時代，人們互不信任，因為他們全都一樣，但是這種比喻卻使他們幾乎毫無節制地信賴公眾的判斷力，其原因就在於，所有的人同樣開明似乎是不太可能的，真理並不會與人數上的優勢攜手同行。"

對選舉權加以限制，如果必要的話，把這種權利限制在聰明人中間，如此便可認為，這樣做會改進羣眾投票的結果嗎？我永遠也無法承認會出現這種情況，這是基於我已經說過的理由，即一切集體，不管其成員如何，全都患有智力低下症。在羣體中，人們總是傾向於變得智力平平，在一般性問題上，四十名院士的投票不會比四十個賣水人所投的票更高明。我一點都不相信，如果只讓有教養的和受過教育的人成為選民，受到譴責的普選的投票結果就會大為不同。一個人不會因為通曉希臘語或數學，因為是個建築師、獸醫、醫生或大律師，便掌握了特殊的智力或社會問題。我們的政治經濟學家全都受過高等教育，他們大都是教授或學者，然而他們何曾就哪個普遍性問題——貿易保護、雙本位制等等——取得過一致意見？原因就在於，他們的學問不過是我們的普遍無知的一種十分弱化了形式。在社會問題上，由於未知的因素數量眾多，從本質上說人們的無知沒有甚麼兩樣。

　　因此，完全由掌握各種學問的人組成的選民，他們的投票結果不會比現在的情況好多少。他們將仍然主要受自己的感情和黨派精神的支配。對於那些我們現在必須對付的困難，我們還是一個也解決不了，而且我們肯定會受到身份團體暴政的壓迫。

　　羣眾的選舉權不管是受到限制還是普遍給予，不管是在共和制還是君主制之下行使這種權利，不管是在法國、比利時、德國、葡萄牙或西班牙，都是一樣的；說一千道一萬，它所表達的不過是一個種族無意識的嚮往和需要。在每個國家，當選者的一般意見都反映着種族的稟性，而我們看到，這種稟性從一代人到下一代人，不會有顯著的變化。

　　由此可見，我們一再遇到種族這個基本概念。我們經常遇到它，由此會產生另一種認識，即各種制度和政府對一個民族的生活只能產生很小的影響。民族主要是受其種族的稟性支配，也就是說，是受着某些品質的遺傳殘餘的支配，而所謂稟性，正是這些品質的總和。種族和我們日常之需的枷鎖，是決定着我們命運的神秘主因。

第五章 議會

我們在議會中找到了一個有名稱的異質性羣體的範例。雖然議會成員的選舉方式因時而異，各國之間也有所不同，不過它們都有着十分相似的特徵。在這種場合，人們會感到種族的影響或者削弱，或者強化了羣體的共同特徵，但不會妨礙它們的表現。大不相同的國家，如希臘、義大利、葡萄牙、西班牙、法國和美國，它們的議會在辯論和投票上表現出很大的相似性，使各自的政府面對着同樣的困難。

然而，議會制度卻是一切現代文明民族的理想。這種制度是一種觀念的反映，即在某個問題上，一大羣人要比一小撮人更有可能做出明智而獨立的決定。這種觀念雖然從心理學上說是錯誤的，卻得到普遍的贊同。

在議會中也可以看到羣體的一般特徵：頭腦簡單、多變、易受暗示、誇大感情以及少數領袖人物的主導作用。然而，由於其特殊的構成，它們也有一些獨特的表現，我們現在就來做一簡單的說明。

意見的簡單化是他們最重要的特徵之一。在所有黨派中，尤其是在拉丁民族的黨派中，無一例外地存在着一種傾向，即根據適用於一切情況的最簡單的抽象原則和普遍規律來解決最複雜的社會問題。當然，原則因黨派不同而各有不同，但是，僅僅因為個人是羣體的一部分這個事實，他們便總是傾向於誇大自己原則的價值，非要把它貫徹到底不可。由此產生的結果是，議會更嚴重地代表着各種極端意見。

議會有着特別質樸的簡單意見，法國大革命時期的雅各賓黨人為此提供了一個最完美的典型。他們用教條和邏輯對待人，頭腦裏充滿各種含糊不清的普遍觀念，他們忙不迭地貫徹死板的原則，不關心事實如何。在談到他們時，人們不無理由地認為，他們經歷了一場革命，但並沒有看到這場革命。在一些引導着他們的十分簡單的教條的幫助下，他們以為自己能夠把這個社會從上到下重新改造一遍，結果使一個高度精緻的文明倒退到了社會進化更早期的階段。他們為實現自己的夢想而採用的辦法，與極端質樸的人有着同樣的特點。實際上，他們不過是把攔在他們道路上的一切統統毀掉。他們不管是吉倫特派、山嶽派還是熱月派，全都受着同樣的精神的激勵。

議會中的羣體很容易受暗示的影響，而且就像所有羣體一樣，暗示都是來自享有名望的領袖。不過議會羣體這種易受暗示的特點，又有着很明確的界限，指出這一點十分重要。

在有關地方或地區的一切問題上，議會中的每個成員

242

都持有牢固而無法改變的意見，任何論證都無法使其動搖。例如在貿易保護或釀酒業特權這類與有勢力的選民的利益有關的問題上，即使有狄摩西尼[1]的天賦，也難以改變一位眾議員的投票。這些選民在投票期到來之前就發出的暗示，足以壓倒來自其他方面的一切取消的建議，使意見的絕對穩定得到了維護。[2]

一涉及到一般性問題——推翻一屆內閣、開徵一種新稅等等——就不再有任何固定的意見了，領袖的建議能夠發揮影響，雖然與普通羣體中的方式有所不同。每個政黨都有自己的領袖，他們的勢力有時旗鼓相當。結果是，一個眾議員有時發現自己被夾在兩種對立的建議之間，因此難免遲疑不決。這解釋了為甚麼經常會看到他在一刻鐘之內就會做出相反的表決，或為一項法案增加一條使其失效的條款，例如剝奪僱主選擇和解僱工人的權利，然後又來上一條幾乎廢除這一措施的修正案。

出於同樣的理由，每屆議會也有一些非常穩定的意見和一些十分易變的意見。大體上說，一般性問題數量更

---

1 狄摩西尼（Demosthenes, 公元前 384- 公元前 322），古希臘政治家，偉大的演説家。

2 一位資深英國議員的如下思考，毫無疑問也適用於這種事先確定的、不會因爭取選票的考慮而改變的意見：＂我坐在威斯特敏斯特（英國議會所在地）的 50 年間，我聽過上千次演說，但是它們很少能使我改變看法，它們沒有一次改變了我的投票。＂

多，因此在議會中議而不決的現象司空見慣——所以議而不決，是因為永遠存在着對選民的擔心，從他們那裏收到的建議總是姍姍來遲，這有可能制約領袖的影響力。不過，在無數的辯論中，當涉及的問題議員們沒有強烈的先入之見時，處在主導地位的人依然是那些領袖。

這些領袖的必要性是顯而易見的，因為在每個國家的議會中，都可以看到他們以團體首領的名義存在着。他們是議會的真正統治者。組成羣體的人沒了頭頭便一事無成，因此也可以說，議會中的表決通常只代表極少數人的意見。

領袖的影響力只在很小的程度上是因為他們提出的論據，卻在很大程度上來自他們的名望。這一點最好的證明是，一旦他們不知因為甚麼情況威信掃地，他們的影響力也隨之消失。這些政治領袖的名望只屬於他們個人，與頭銜或名聲無關。關於這個事實，西蒙先生[3]在評論1848年國民議會——他也是其成員之一——的大人物時，為我們提供了一些非常具體的例子：

3　西蒙（Jules Simon, 1814-1896），法國政治家、激進思想理論家，兩度當選議員，1876年一度擔任總理。另，皮阿（Felix Pyat, 1810-1889），法國記者，激進思想的鼓吹者，1848年進入議會，1871年再度當選議員，同年進入巴黎公社。基內（Edgar Quinet, 1803-1875），19世紀法國重要思想家之一，1871年入選議會。

　　路易・拿破崙兩個月以前還無所不能，如今卻完全無足輕重了。

　　維克多・雨果登上了講台。他無功而返。人們聽他說話，就像聽皮阿說話一樣，但是他並沒有博得多少掌聲。"我不喜歡他那些想法"，談到皮阿，沃拉貝勒對我說，"不過他是法國最了不起的作家之一，也是最偉大的演說家。"基內儘管聰明過人，智力超強，卻一點也不受人尊敬。在召開議會之前，他還有些名氣，但在議會裏他卻籍籍無名。

　　對才華橫溢者無動於衷的地方，莫過於政治集會。它所留心的只是那些與時間地點相宜、有利於黨派的滔滔辯才，並不在乎它是否對國家有利。若想享有1848年的拉馬丁以及1871年的梯也爾得到的那種崇敬，需要有急迫而不可動搖的利益刺激才成。一旦危險消失，議會立刻就會忘記它的感激和受到的驚嚇。

我引用上面這些話，是因為其中包含着一些事實，而不是因為它所提供的解釋，其中的心理學知識貧乏得很。羣體一旦效忠於領袖，不管是黨的領袖還是國家的領袖，它便立刻失去了自己的個性。服從領袖的羣體是處在他的名望的影響之下，並且這種服從不受利益或感激之情的支配。

因此，享有足夠名望的領袖幾乎掌握着絕對權力。一位著名眾議員在多年時間裏因其名望而擁有巨大的影響力，在上次大選中由於某些金融問題而被擊敗，此事廣為人知。他只消做個手勢，內閣便倒台了。有個作家用的下面一席話説明了他的影響程度：

> 這位 X 先生，讓我們付出了三倍於我們為東京灣付出的慘痛代價，主要是因為他，我們在馬達加斯加的地位長期岌岌可危，我們在南尼日爾被騙走了一個帝國，我們失去了在埃及的優勢。X 先生的謬論讓我們丟失的領土，比拿破崙一世的災難猶過之而無不及。

對於這種領袖，我們不必過於苛責。不錯，他使我們損失慘重，然而他的大部分影響力都是因為他順應了民意，而這種民意在殖民地事務上，目前還遠沒有超越過去的水準。領袖很少超前於民意，他所做的一切幾乎總是在順應民意，因此也會助長其中的所有錯誤。

我們這裏所討論的領袖進行説服的手段，除了他們的名望之外，還包括一些我們多次提到過的因素。領袖若想巧妙地利用這些手段，他必須做到對羣體心理了然於心，至少也要無意識地做到這一點；他還必須知道如何向他們説話。他尤其應當瞭解各種辭彙、套話和形象的神奇力量。他應當具備特殊的辯才，這包括言之鑿鑿——卸去證明的重負——和生動的形象，並伴之以十分籠統的論證。

這種辯才在所有集會中都可以看到，英國議會也不例外，雖然它是所有議會中最嚴肅的一家。英國哲人梅因[4]説，

> 在下院的爭吵中可以不斷看到，整個辯論不過是些軟弱無力的大話和盛怒的個人之間的交鋒。這種一般公式對純粹民主的想像有着巨大的影響。讓一輩人接受用驚人之語表達出來的籠統的斷言，從來就不是甚麼難事，即使它從未得到過證實，大概也不可能得到證實。

以上引文中提到的"驚人之語"，不管説得多重要也不能算過分。我們多次談到詞語和套話的特殊力量。在措辭的選擇上，必須以能夠喚起生動的形象為準。下面這段話摘自我們一位議會領袖的演説，提供了一個極好的範例：

> 這艘船將駛向我們那片坐落着我們的刑事犯定居點的熱病肆虐的殖民地，把名聲可疑的政客和目無政府的殺人犯關在一起。這對難兄難弟可以促膝談心，彼此視為一種社會狀態中互助互利的兩派。

如此喚起的形象極為鮮活，演説者的所有對手都會覺得自己受着它的威脅。他們的腦海裏浮現出兩幅畫面：

4　梅因（Henry Maine, 1822-1888），英國著名法學家、歷史學家，主要著作包括《古代法》（有中譯本）、《早期制度史》等。

一片熱病肆虐的國土，一艘可以把他們送走的船。他們不是也有可能被放在那些定義不明確的可怕政客中間嗎？他們體驗到的恐懼，與當年羅伯斯庇爾用斷頭台發出威脅的演說給國民公會的人的感覺是一樣的。在這種恐懼的影響下，他們肯定會向他投降。

喋喋不休地說些最離譜的大話，永遠對領袖有利。我剛才引用過的那位演說家能夠斷言——並且不會遇到強烈的抗議——金融家和僧侶在資助扔炸彈的人，因此大金融公司的總裁也應受到和無政府主義者一樣的懲罰。這種斷言永遠會在人群中發生作用。再激烈的斷言、再可怕的聲明也不算過分。要想嚇唬住聽眾，沒有比這種辯術更有效的辦法。在場的人會擔心，假如他們表示抗議，他們也會被當作叛徒或其同夥打倒。

如我所說，這種特殊的辯論術在所有集會中都極為有效。危難時刻它的作用就更加明顯。從這個角度看，法國大革命時期各種集會上的那些大演說家的講話，讀起來十分有趣。他們無時無刻不認為自己必須先譴責罪惡弘揚美德，然後再對暴君破口大罵，發誓不自由毋寧死。在場的人站起來熱烈鼓掌，冷靜下來後再回到自己的座位上。

偶爾也有智力高強、受過高等教育的領袖，但是具備這種品質通常對他不但無益反而有害。如果他想說明事情有多麼複雜，同意做出解釋和促進理解，他的智力就會

使他變得寬宏大量，這會大大削弱使徒們所必需的信念的
強度與粗暴。在所有的時代，尤其是在大革命時期，偉大
的民眾領袖頭腦之狹隘令人瞠目；但影響力最大的，肯定
也是頭腦最偏狹的人。

其中最著名的演說，即羅伯斯庇爾的演說，經常有着
令人吃驚的自相矛盾，只看這些演說實在搞不明白，這個
大權在握的獨裁者何以有如此大的影響：

> 教學法式的常識和廢話，糊弄孩子頭腦的稀鬆平
> 常的拉丁文化，攻擊和辯護所採用的觀點不過是些小
> 學生的歪理。沒有思想，沒有措辭上令人愉快的變化，
> 也沒有切中要害的譏諷。只有令我們生厭的瘋狂斷言。
> 在經歷過一次這種毫無樂趣的閱讀之後，人們不免會
> 與和藹的德穆蘭[5]一起，長歎一聲："唉！"

想到與極端狹隘的頭腦結合在一起的強烈信念能夠給
予一個有名望的人甚麼樣的權力，有時真讓人心驚肉跳。
一個人要想無視各種障礙，表現出極高的意志力，就必須
滿足這些最起碼的條件。羣體本能地在精力旺盛信仰堅定
的人中間尋找自己的主子，他們永遠需要這種人物。

在議會裏，一次演說要想取得成功，根本不取決於演

5　德穆蘭（Camille Desmoulins, 1760-1794）：法國大革命時的著名新聞
　　記者和演説家，死於羅伯斯庇爾的斷頭台。

說者提出的論證，而是幾乎完全依靠他所具有的名望。這方面最好的證明是，如果一個演說者因為這樣或那樣的原因失去名望，他同時也就失去了一切影響，即他根據自己的意志影響表決的能力。

當一個籍籍無名的演說者拿着一篇論證充分的講稿出場時，如果他只有論證，他充其量也只能讓人聽聽而已。一位有心理學見識的眾議員，德索布先生，最近用下面這段話描述了一個缺乏名望的眾議員：

> 他走上講台後，從公事包裏拿出一份講稿，煞有介事地擺在自己面前，十分自信地開始發言。

> 他曾自我吹噓說，他能夠讓聽眾確信使他本人感到振奮的事情。他一而再再而三地強調自己的論證，對那些數字和證據信心十足。他堅信自己能夠說服聽眾。面對他所引用的證據，任何反對都沒用處。他一廂情願地開講，相信自己同事的眼力，認為他們理所當然地只會贊同真理。

> 他一開口便驚異地發現大廳裏並不安靜，人們發出的噪音讓他多少有些惱怒。

> 為何不能保持安靜呢？為何這麼不留意他的發言呢？對於正在講話的人，那些眾議員在想些甚麼？有甚麼要緊的事情讓這個或那個眾議員離開了自己的座位？

他臉上掠過一絲不安的神情。他皺着眉頭停了下來。在議長的鼓勵下，他又提高嗓門開始發言，他加重語氣，做出各種手勢。周圍的雜訊越來越大，他連自己的話都聽不見了。於是他又停了下來。最後，因為擔心自己的沉默會招來可怕的叫喊："閉嘴！"便又開始說起來。喧鬧聲變得難以忍受。

當議會極度亢奮時，它也會變得和普通的異質性羣體沒甚麼兩樣，這時它的感情就會表現出總愛走極端的特點。可以看到它或是做出最偉大的英雄主義舉動，或是犯下最惡劣的過失。個人不再是他自己，他會完全失去自我，投票贊成最不符合他本人利益的措施。

法國大革命的歷史說明了議會能夠多麼嚴重地喪失自我意識，讓那些與自己的利益截然對立的建議牽着鼻子走。貴族放棄自己的特權是個巨大的犧牲，但是在國民公會期間那個著名的夜晚，他們毫不猶豫地這樣做了。議會成員放棄自己不可侵犯的權利，便使自己永遠處在死亡的威脅之下，而他們卻邁出了這一步；他們也不害怕在自己的階層中濫殺無辜，雖然他們很清楚，今天他們把自己的同夥送上斷頭台，明天這可能就是他們自己的命運。實際上，他們已經進入了我曾描述過的一個完全不由自主的狀態，任何想法都無法阻止他們贊成那些已經把他們沖昏了頭腦的建議。下面的話摘自他們中間的一個人，比勞 -

凡爾納的回憶錄，極典型地記下了這種情況："我們一直極力譴責的決定，⋯⋯"他説，"兩天前、甚至一天前我們還不想做出的決定，居然就通過了；造成這種情況的是危機，再無其他原因。"再也沒有比這更正確的説法了。

在所有情緒激昂的議會上，都可以看到同樣的無意識現象。泰納説：

> 他們批准並下令執行他們的所痛恨的法令。這些法令不只愚蠢透頂，簡直就是犯罪——殺害無辜，殺害他們的朋友。在右派的支持下，左派全體一致，在熱烈的掌聲中把丹東，他們的天然首領，這場革命的偉大發動者和領袖，送上了斷頭台。在左派的支援下，右派全部一致，在最響亮的掌聲中表決通過了革命政府最惡劣的法令。議會全體一致，在一片熱烈叫喊的讚揚聲中，在對德布瓦庫東和羅伯斯庇爾等人熱烈的讚揚聲中，不由自主地一再舉行改選，使殺人成性的政府留在台上；平原派憎惡它，是因為它嗜殺成性，山嶽派憎惡它，是因為它草菅人命。平民派和山嶽派，多數派和少數派，最後都落了個同意為他們的自殺出力的下場。牧月22日，整個議會把自己交給了劊子手；熱月8日，在羅伯斯庇爾發言後的一刻鐘內，同樣的事情又被這個議會做了一次。

252

　　這幅畫面看起來昏天黑地，但它十分準確。議會若是興奮和頭腦發昏到一定程度，就會表現出同樣的特點。它會變成不穩定的流體，受制於一切刺激。下面這段有關1848 年議會的描述，來自斯布勒爾先生，一位有着不容懷疑的民主信仰的議員。我從《文學報》上把這段十分典型的文字轉引如下。它為我曾經說過的誇張感情這一羣體特點、為它的極端多變性——這使它一刻不停地從一種感情轉向另一種截然相反的感情——提供了一個例子。

　　　共和派因為自己的分裂、嫉妒和猜疑，也因為它的盲信和無節制的願望而墜入地獄。它的質樸和天真與它的普遍懷疑不相上下。與毫無法律意識、不知紀律為何物的表現相伴的，是放肆的恐怖和幻想。在這些方面鄉下人和孩子也比他們強。他們的冷酷和他們的缺乏耐心一樣嚴重，他們的殘暴與馴順不相上下。這種狀態是性格不成熟以及缺乏教養的自然結果。沒有甚麼事情能讓這種人吃驚，但任何事情都會讓他們慌亂。出於恐懼或出於大無畏的英雄氣概，他們既能赴湯蹈火，也會膽小如鼠。

　　他們不管原因和後果，不在乎事物之間的關係。他們忽而灰心喪氣，忽而鬥志昂揚，他們很容易受驚慌情緒的影響，不是過於緊張就是過於沮喪，從來不會處在環境所要求的心境或狀態中。他們比流水還易變，頭腦混亂，行為無常。能指望他們提供甚麼樣的政府基礎？

　　幸運的是，上述這些在議會中看到的特點，並非經常出現。議會只是在某些時刻才會成為一個羣體。在大多數情況下，組成議會的個人仍保持着自己的個性，這解釋了議會為何能夠制定出十分出色的法律。其實，這些法律的作者都是專家，他們是在自己安靜的書房裏擬定草稿的，因此，表決通過的法律，其實是個人而不是集體的產物。這些法律自然就是最好的法律。只有當一系列修正案把它們變成集體努力的產物時，它們才有可能產生災難性的後果。羣體的產品不管性質如何，與孤立的個人的產品相比，總是品質低劣。專家阻止着議會通過一些考慮不周全或行不通的政策。在這種情況下，專家是羣體暫時的領袖。議會影響不到他，他卻可以影響到議會。

　　議會的運作雖然面對所有這些困難，它仍然是人類迄今為止已經發現的最佳統治方式，尤其是人類已經找到的擺脫個人專制的最佳方式。不管是對於哲學家、思想家、作家、藝術家還是有教養的人，一句話，對於所有構成文明主流的人，議會無疑是理想的統治。

　　不過，在現實中它們也造成兩種嚴重的危險，一是不可避免的財政浪費，二是對個人自由不斷增加的限制。

　　第一個危險是各種緊迫問題和當選羣體缺少遠見的必然產物。如果有個議員提出一項顯然符合民主理念的政策，譬如說，他在議案中建議保證使所有的工人能得到養老津貼，或建議為所有級別的國家僱員加薪，其他眾議員因為害怕自己的選民，就會成為這一提議的犧牲品，他們似乎不敢無視後者的利益，反對這種提議中的政策。雖然他們清楚這是在為預算增加新的負擔，必然造成新稅種的設立。他們不可能在投票時遲疑不決。增加開支的後果屬於遙遠的未來，不會給他們自己帶來不利的結果，如果投了反對票，當他們為連選連任而露面時，其後果就會清楚地展現在他們面前。

　　除了這第一個擴大開支的原因外，還有一個同樣具有強制性的原因，即必須投票贊成一切為了地方目的的補助金。一名眾議員沒辦法反對這種補助，因為它們同樣反映着選民的迫切需要，也因為每個眾議員只有同意自己同僚的類似要求，才有條件為自己的選民爭取到這種補助金。[6]

　　上面提到的第二個危險——議會對自由不可避免的限制——看起來不那麼明顯，卻是十分真實的。這是大量的法律——它們總是一種限制性措施——造成的結果，議會認為自己有義務表決通過，但是由於眼光短淺，它在很大程度上對其結果盲然無知。

　　這種危險當然是不可避免的，因為即使在英國這個提供了最通行的議會體制、議員對其選民保持了最大獨立性的國家，也沒有逃脫這種危險。赫伯特‧斯賓塞在一本很久以前的著作中就曾指出，表面自由的增加必然伴隨着真正自由的減少。他在最近的《人與國家》一書中又談到了這個問題。在討論英國議會時，他表達了自己的觀點：

6　1895 年 4 月 6 日一期《經濟學人》上發表妙文，評論了僅僅因為競選上的考慮而造成的主要是鋪設鐵路方面的開支數量。為了把朗蓋耶（一個 3,000 居民的山區小鎮）和普伊連接起來，表決通過了一條耗資 1,500 萬法郎的鐵路。有 700 萬被花在連接博芒特（3,500 名居民）和卡斯特爾薩拉金的鐵路上，700 萬被用在連接奧斯特（523 名居民）和塞克（1,200 名居民）的鐵路上，600 萬被用在了連接普拉德和奧萊特村（747 名居民）的鐵路上，如此等等。僅僅 1895 年一年，就表決通過了 9,000 萬法郎用於只對地方有用的鐵路。還有另一些也是因競選考慮而造成的同樣重要的開支。據財政部長的説法，對工人的補助加以制度化的法律，很快就會涉及到至少每年 1.6 億萬法郎的支出，按院士勒魯瓦 - 布羅的説法則是 8 億。顯然，這種開支的不斷增加肯定會導致破產。許多歐洲國家——葡萄牙、希臘、西班牙、土耳其——已經走到了這個地步，另一些國家——如義大利——很快也會陷入同樣的絕境。在這些事情上危險信號太多了，人們不可能感覺不到。

　　自從這個時期以來，立法機構一直遵循着我指出的路線。迅速膨脹的獨裁政策不斷地傾向於限制個人自由，這表現在兩個方面。每年都有大量的法律被制定出來，對一些過去公民行為完全自由的事務進行限制，強迫他做一些過去他可做可不做的事情。同時，日益沉重的公共負擔，尤其是地方公共負擔，通過減少他可以自由支配的收益份額，增加公共權力取之於他並根據自己的喜好花銷的份額，進一步限制了他的自由。

　　這種對個人自由日益增加的限制，在每個國家都有斯賓塞沒有明確指出的各種具體的表現形式。正是這些大量的立法措施——大體上全是些限制性法令——的通過，必然會大大增加負責實施它們的公務員的數量、權力和影響。沿着這個方向走下去，這些公務員有可能成為文明國家的真正主人。他們擁有更大的權力，是因為在政府不斷更換的過程中，只有他們不會受到這種不斷變化的觸動，只有他們不承擔責任，不需要個性，永久地存在。實行壓迫性的專制，莫過於具備這三種特點的人。

　　不斷制定一些限制性法規，用最複雜的條條框框把最微不足道的生活行為包圍起來，難免會把公民自由活動的空間限制在越來越小的範圍之內。各國被一種謬見所騙，認為保障自由與平等的最好辦法就是多多地制定法律，因此它們每天都在批准進行一些越來越不堪忍受的束縛。它們已經習慣於給人上套，很快便會達到需要奴才的地步，失去一切自發精神與活力。那時他們不過是些虛幻的人影，消極、順從、有氣無力的行屍走肉。

若是到了這個地步，個人注定要去尋求那種他自己身上已經找不到的外在力量。政府各部門必然與公民的麻木和無望同步增長。因此它們必須表現出私人所沒有的主動性、首創性和指導精神。這迫使它們要承擔一切，領導一切，把一切都納入自己的保護之下。於是國家變成了全能的上帝。而經驗告訴我們，這種上帝既難以持久，也不十分強大。

在某些民族中，一切自由受到了越來越多的限制，儘管表面上的許可使它們產生一種幻覺，以為自己還擁有這些自由。它們的衰老在造成這種情況上所起的作用，至少和任何具體的制度一樣大。這是直到今天任何文明都無法逃脫的衰落期的不祥先兆之一。

根據歷史的教訓以及各方面都觸目驚心的那些先兆判斷，我們的一些現代文明已經到達了衰敗期之前那些歷史上早已有之的時代。所有的民族似乎都不可避免地要經歷同樣的生存階段，因為看起來歷史是在不斷地重複它的過程。

　　關於文明進化的這些共同階段，很容易做個簡單的說明，我將對它們做一概括，以此為本書做結。這種速記式的說明，也許能夠對理解目前羣眾所掌握的權力的原因有所啟發。

　　如果我們根據主要線索，對我們之前那些文明的偉大與衰敗的原因加以評價，我們會發現甚麼呢？

　　在文明誕生之初，一羣來源不同的人，因為移民、入侵或佔領等原因聚集在一起。他們血緣不同，語言和信仰也不同。使這些人結為整體的唯一共同的紐帶，是某個頭領沒有完全得到承認的法律。這些混亂的人羣有着十分突出的羣體特徵。他們有短暫的團結，既表現出英雄主義，也有種種弱點，易衝動而性狂狷。沒有甚麼東西把他們牢固地連繫在一起。他們是野蠻人。

　　漫長的歲月造就了自己的作品。環境的一致、種族間不斷出現的通婚和共同生活的必要性發揮了作用。不同的小羣體開始融合成一個整體，形成了一個種族，即一個有着共同的特徵和感情的羣體，它們在遺傳的作用下日益穩固。這羣人變成了一個民族，這個民族又有能力擺脫它的野蠻狀態。但是，只有在經過長期的努力、必然不斷重複的鬥爭以及無數次的反覆，從而使它獲得了某種理想之後，它才能夠完全形成一個民族。這個理想具有甚麼性質並不十分重要，不管是對羅馬的崇拜、雅典的強盛還是真主安拉的勝利，都足以讓一個種族中的每個人在感情和思想上形成完全的統一。

在這個階段，一種包含着各種制度、信念和藝術的新文明便誕生了。這個種族在追求自己理想的過程中，會逐漸得到某些它建立豐功偉業所不可缺少的素質。無須懷疑，它有時仍然是烏合之眾，但是在它變幻不定的特徵背後，會形成一個穩定的基礎，即一個種族的稟性，它決定着一個民族在狹小的範圍內變化，支配着機遇的作用。

時間在做完它的創造性工作之後，便開始了破壞的過程，不管是神靈還是人，一概無法逃脫它的手掌。一個文明在達到一定的強盛和複雜程度之後，便會止步不前，而一旦止步不前，它注定會進入衰落的過程。這時它的老年期便降臨了。

這個不可避免的時刻，總是以作為種族支柱的理想的衰弱為特點。同這種理想的衰弱相對應，在它的激勵下建立起的宗教、政治和社會結構也開始發生動搖。

隨着這個種族的理想不斷消亡，它也日益失去了使自己團結強盛的品質。個人的個性和智力可以增長，但是這個種族集體的自我意識卻會被個人自我意識的過度發展所取代，同時會伴隨着性格的弱化和行動能力的減少。本來是一個民族、一個聯合體、一個整體的人羣，最終會變成一羣缺乏凝聚力的個人，他們在一段時間裏，僅僅因為傳統和制度而被人為地聚集在一起。正是在這個階段，被個人利益和願望搞得四分五裂的人，已失去了治理自己的能力，因此在最微不足道的事情上也需要領導，於是國家開始發揮引人注目的影響。

隨着古老理想的喪失，這個種族的才華也完全消失了。它僅僅是一羣獨立的個人，因而回了自己的原始狀態——即一羣烏合之眾。它既缺乏統一性，也沒有未來，只有烏合之眾那些一時的特性。它的文明現在已經失去了穩定性，只能隨波逐流。民眾就是至上的權力，野蠻風氣盛行。文明也許仍然華麗，因為久遠的歷史賦予它的外表尚存，其實它已成了一座岌岌可危的大廈，它沒有任何支撐，下次風暴一來，它便會立刻傾覆。

在追求理想的過程中，從野蠻狀態發展到文明狀態，然後，當這個理想失去優勢時，走向衰落和死亡，這就是一個民族的生命循環過程。